禅僧が教える

心がラクになる生き方

南直哉

アスコム

はじめに

福井県の永平寺《えいへいじ》で僧侶として20年近く過ごした後、縁あって青森県にある霊場、恐山の院代（住職代理）となり10年以上が経ちました。

けしからんと思われるかもしれませんが、私は人の役に立ちたいという「尊い志」があって僧侶になったわけではありません。

物心ついた頃から、自分の中に抜き差しならない問題があり、生きてその問題に取り組むには、出家を選ぶしかなかった。それが、正直なところです。

中学3年生で釈迦の「諸行無常《しょぎょうむじょう》」という言葉に出会って以来、仏教に惹かれるようになり、大学卒業後2年間のサラリーマン生活を経て、出家の道を選びました。

以来、ひたすら自分の問題に取り組んできましたが、修行を重ね、さまざまなところで発言を始めると、私と同じような生きづらさを感じている人たちが少なからずいることを、初めて知りました。


人から見れば幸せかもしれないが、何かが満たされない。

トラブルがあるわけではないけれど、どことなく人生が息苦しい。

生きることへの違和感が捨てられない。

そんな人たちです。

問題があるなら、お互い様です。私は、話がしたいと連絡をくださる方には、時間と場所の折り合いがつく限り会って、話をするようになりました。

どのくらいの方と会ってきたか数えたことはありませんが、そのような対話を始めて、かれこれ20年になるでしょうか。

「苦しい」とおっしゃる方たちの話を伺っていくと、気づくことがあります。問題をクリアに見ていけば、じつは、解決の糸口は意外に身近なところにある場合が多いこと。また、つらいと感じている「自分」が本当はどんな存在かを知れば、そのつらさを飼い慣らして、もう少しラクに生きていけるということです。

この本は、今まで会ってきた方たちとの対話の中で感じたことや、日頃私が僧侶として考えてきたことをお話ししていきます。仏教そのものを学ぶ本ではありません。仏教というツールを使って、こだわりや執着から起こる苦しみの正体を知り、その取り扱い方を身につける本だと思ってください。

私は、今まで会った方たちにも、その相談事へ「答え」を出してきたわけではありません。話す中で、ご自身の問題が鏡のように映し出され、明らかになればいい。そう思って話をしてきたまでです。

この本も、読み進めるうちに、あなたが自分の置かれている状況をまったく別の視点から捉えられるようになれれば、それで十分だと思っています。

なぜかと言えば、自分を苦しめたり、悩ませたりしているものの「正体」が明らかになれば、そこから見えてくる道があるはずなのです。

進むべき道が見えてくれれば、人はどんな苦境からでも、一歩を踏み出していくことができます。


もし今、あなたの中に重苦しい気持ちがあるのなら、その思いをなくしたいと願ってもむずかしいでしょう。「ないほうがいい」とわかっているのに持ち続けているのは、そもそも、捨てられるものではないということですから。

ただ、苦しみをなくすことはできなくても、悩みや問題を解きほぐしていくことはできます。もっと言えば、「つらくても大丈夫」と思える生き方をすることはできます。

もちろん、日々幸せに生きられるのなら、それに越したことはありません。実際、生きるのにさほど四苦八苦せず、人生を謳歌《おうか》している人もたくさんいます。それはそれで、大変けっこうなことです。仏教の出る幕はありません。

むしろ、私はそんな方たちばかりになって、仏教などなくなったほうがいいと思っているくらいです。

しかし、もしあなたが今の状況を変えたいと感じているのなら、仏教というツールを試すのも悪くないはずです。

仏教は、人生はつらく、苦しく、悲しいもの、せつないものだと断じています。たとえそうでも、すべてを抱えて死ぬまで生きる。その勇気こそが尊いのです。

「いろいろあるけど、生きててよかったな」と思える一生を送る。

「生きるのも案外悪くなかった」と言って、この世を去る。

仏教とは、生きるためのテクニックです。

いや正確に言えば、死を目指して生きるためのテクニックです。

これから、仏教という道具の一端を手渡す気持ちでお話ししていきます。

「道具」ですから、自分で使ってみないと役に立つかどうかはわかりません。

本当に使えるのかどうか、まずは試していただければと思います。

私にとって使い勝手のよいハサミが、他の誰かにとっても使いやすいとは限りませんから。

ただ、この道具が少しでも、これからあなたが生きていく日々に使えるものとなるのなら幸いです。

南《みなみ》　直哉《じきさい》

禅僧が教える
心がラクになる
生き方

目次

一章　あなたが大切にしている「自分」とは何か

二章
「夢」や「希望」という重荷を下ろす

三章 感情に振りまわされないために

四章 死に向かって今日を生きる

一章
あなたが大切にしている「自分」とは何か

「自分を大切にする」ことをやめる

人はこの世に「たまたま」生まれてきた
存在にすぎません。
そんな自分と折り合いをつけ、
苦しさに「立ち向かう」のではなく、
苦しい状況を調整しながら、やり過ごす生き方があります。

人生相談に来られる方々とお話ししていると、ほとんどの方がある勘違いをしていることがわかります。

それは、「自分」という存在がちゃんとあり、その自分を大切にしなければならないと思っていることです。それで、「大切な自分」の人生を充実させなければと考え、思いどおりにいかない日常や人間関係に苛立ち、「私の人生は、もっとよくなるはず」と焦っている。そういう方が多いのです。

「いや、〝自分〟がいるのは当たり前じゃないか」「自分を大事にするのは当然だろう」と、あなたは思うでしょう。

しかし、その「自分」とはなんでしょうか？

「体」かというと、そうではありません。体の細胞は、３カ月もすればすべて入れ替わります。そうすると、それはもう「別人」です。

では、「心」が自分かといえば、これもまた証明できる話ではありません。

「〝昨日の心〟と〝今日の心〟が同じだと言える根拠は?」と尋ねられると、答えに詰まるはずです。

そもそも、「昨日の自分」と「今日の自分」が同じだと言える根拠は、2つしかありません。

それは、自分自身の「記憶」と「他人からの承認」だけです。

たとえば明日の朝起きて、もし今までの記憶がすべてなくなっていたとしたら、どうでしょう。今あなたが思っている「私」は、そこに存在しないはずです。

あるいは、明日まわりの人間がすべて、あなたのことを別人のAさんだと言い出したら、どうしますか?

あなたはAさんとして生きるか、精神を病むか、自死するしかなくなるはずです。

大げさな話ではありません。そのくらい「自分」とは、もろいものです。

私は「私」であるという記憶。

そして、他者から「私」だと認めてもらうこと。

この2つのどちらか、あるいは両方を失ってしまったら、自分であることの根拠は消え、「私」はその場で崩れてしまいます。

ふだん、あなたが「私」と呼んでいるものは、突き詰めれば、「記憶」や「人とのかかわり」で成り立っている存在にすぎないのです。

その大した根拠もなく存在する不確かな「私」を大切にするとは、何をしたいと言っているのだろうと私は思うのです。

「でも、自分はここにいるじゃないか！」と言う人に、「その〝自分〟とはなんですか？」と尋ねると、名前や性別、年齢、性格、職業、家族、住所などについて話し始めます。

しかしそれは、その人が「その時点」で持っている属性にすぎません。

それらをすべて取り払ってしまったら、何が残るのかということです。

人の存在は、誰もが生まれた瞬間に「他人に着せられた服」をそのまま着続けているようなものです。

生まれる日も、場所も、性別も、体の特徴も、自分で選んだわけではありません。名前も、親に決められました。その親すら、たまたま「親」になっただけです。そもそも、自分から「この世に生まれたい」と希望して生まれてきたわけでもありません。

もし仮に、自分で望んで生まれたのであれば、生まれる日も、場所も、親も、自分で思いどおりに決められ、「望んだとおりの自分」になっているはずです。

でも、「私は、何もかも望みどおりの自分だ」と言える人がいるでしょうか。

人はこの世に「たまたま」生まれ、他人から「自分」にさせられたのです。

その「自分」を受け入れるためには、人から認められ、ほめられなければなりません。自分ではなく、人が選んだ服を着ているのですから、誰かから「似合うね」「いいね」と言われて初めて安心でき、その服を着る気になれます。

それで人間の最大の欲求は、自分を「自分」にしてくれた存在、つまり〝他人から承認されたい〟ということなのです。

むりやり「自分」にさせられた自分と折り合いをつけ、苦しさに「立ち向かう」のではなく、その状況を調整し、やり過ごして生きていく。

私がこれから話したいのは、そういう生き方についてです。

「生きる意味」は見つけなくてもいい

「意味のある人生」や「有意義な人生」を
送らなければと、肩ひじを張らなくても大丈夫。
生きる意味など探さなくても、
人は十分幸せに生きていけます。

ずいぶん理屈っぽいことを言う坊さんだと思われたかもしれません。

しかし私にとって、「自分とは何か」と問うことは、ずっと心のど真ん中に居すわり続けていたのです。

なぜ私が、このように「自分」の存在について考えるようになったのか。

小児ぜんそくで、幼い頃から入退院を繰り返してきたことが大きかったかもしれません。

激しい発作に襲われると絶息《ぜっそく》状態に近くなり、目が真っ赤になります。そんなとき、子ども心に「もう、死ぬのかな」と何度も思いました。これから何が起こるのかわからない恐怖と感覚。それを、今も鮮明に覚えています。

自意識の固まらない3歳頃からそのような体験を繰り返してきた私にとって、「生」よりも「死」のほうが圧倒的にリアルだったのです。

学校へ上がっても授業を休みがちで、何ごとも人より遅れます。自然に周囲との距離が生まれ、冷めた目で友だちや教師を見ているような子どもでした。

そんな自分の中には、「これが自分だ」「これが生きていることだ」と言えるような、確固たる実感が何もありません。「なぜ生きねばならないのか」「自分とはなんなのか」。それは、子どもとはいえ切実な問いだったのです。

そんな子ども時代、生きることへの強烈な不安を決定づけた体験があります。

小学校低学年の頃、週に一度の通院を翌日に控えた日の夕方でした。

帰宅して、「明日は病院か」と思ったとき、なぜ母は自分を病院に連れて行ってくれるのだろうと、ふと疑問に思ったのです。

もし、「お母さんは、明日あなたを病院に連れて行くのは嫌だからね」と言われたら自分ひとりでは通院できないし困るなと、私は子ども心に考えました。

そして、思いました。

「それにしても、なぜあの人は僕の親なんだろう。『あんたの親は、もうやめた』

と言われたらどうすればいいんだろう」

そう考え始めると、止まりません。

本当は、世の中はすべて、単に「約束事」で成り立っているだけで、誰もそれに気づいていないから、平気で普通に暮らしているだけなのではないか……。

こう気づいたとき、言いようのない怖ろしさが襲ってきました。

それは今まで生きていた世界が、一気にひっくり返ってしまうと感じるほどの怖さでした。

以来、その恐怖は生きることに対する根深い不安となって、心の中に居すわるようになりました。

思春期になってもその感覚が去ることはなく、当時の私は、今思ってもかなり切羽詰まった状態にありました。

なぜ生きているのか、自分というものの意味はなんなのか。手当たり次第に本を読み、思索を巡らせ、「これは」と思う人に訊《たず》ねました。しかしどの大人も、どの書物も、納得できる答えはくれませんでした。

そして中学3年生のとき、教科書にあった平家物語の一文にある「諸行無常」という言葉に出会ったのです。

一般的に言えば、この「諸行無常」とは、「この世のすべての物事は変化していく」ことだと解釈されます。しかし、私が感じ取った意味は違います。

生きること自体に意味などない。

自分の存在には確かな根拠がない。

人の存在には確固たる根拠などない。

2500年前に釈迦が残したこの言葉は、そう教えてくれました。

このとき私は、「助かった！」と思いました。なぜかと言えば、少なくともここに、自分と同じ苦しみを抱える人がいたのだと感じたのです。

人は、自分で望んだわけでもないのに生まれてきて、なんの根拠もない人生を生きていかなければならない。そのやるせなさや悲しさを抱えて生きていくのだと、私に教えてくれたのは釈迦その人でした。

生きることに意味がないとは、救いのない言葉だと思うかもしれません。しかしそうわかれば、「意味のある人生」や「有意義な人生」を送らなければと、肩ひじ張ってがんばらなくてもよくなります。「生きる意味を見つけなければ」とやっきになる必要もありません。

実際、そんなものはなくても生きていけるのです。現に、生きる意味などわからなくても、みんな立派に生きています。

でも、どうしても人生の意味を考えてしまう。それらしい人生訓を語られても、腑に落ちない。そんな人もいます。その人が、世の中には今の自分の視点だけではない別の見方があると気づけば、今まで見ていた景色がガラッと変わります。それを提供できるのが仏教です。

「一切皆苦《いっさいかいく》」という言葉が、仏教にあります。

この世のすべては、「苦」である。

釈迦は、そう見抜きました。

実際、世の中には嬉しくて楽しいことよりも、せつなくてつらいことのほうが多いのです。だから、人生が「苦」であることも、生きることが居心地が悪いのも当然でしょう。

そんなに斜《しゃ》に構えず、もっと楽しく生きればいいじゃないかと思うかもしれません。しかしこの視点で物事を見ると、ある人たちにとっては、強烈な救いになることがあるのです。

それは誰か。「人生とは苦しいものではないのか」「自分とは、もともとダメな存在ではないのか」と薄々感じていた人たち。

「夢は努力すれば叶う」といった物語に乗れない人たち、自分のどうしようもなさにうんざりしていた人たちです。

自分の生きづらさを無視できない――そんな人たちは、仏教に触れて、自分の存在はしょせん「たまたま生まれてきた借り物」にすぎないとわかると、「やっぱりそうか！」と納得するのです。

その借り物である自分を引き受け、どうにか元気づけ、大丈夫だと励ましながら、人生を終えるその日までこの世を渡って行く。

この世間を生きていくには、そういう方法だってあると私は思います。

悩みは人間関係の中でしか生まれない

自分ひとりの思い込みで動いても、
人間関係はうまく調整できません。
「感情」と「今起きている出来事」を切り分けて考えれば、
問題は解決へと一歩近づきます。

私のもとに相談に来られる方には、２つのタイプがあります。

「今の状況がこじれて苦しい人」と「今いるところからどこかへ行きたい人」です。両者に共通しているのは、「自分の話」がまず出てこないことです。


「子どもが引きこもっていて、どうすればいいかわからないのです」

「長年勤めてきましたが、上司がワンマンすぎてもう限界です」

「老いた母親と同居していますが、いつものの しられていて我慢できません」

「愛情が感じられなくなったので離婚したいのに、夫が納得せず苦しいのです」


もちろんご本人は、「自分の問題」を話していると思っています。しかし、どんなに深刻な問題も、そのほとんどは「自分をめぐる人間関係」についての話です。

親や子ども、配偶者、職場の人間と自分がどんな関係にあり、どのような問題が起きていて、いかに苦しいか。

初対面の相手に、ときには遠方からわざわざ胸の内を語りに来ているのですから、さぞ悩んでこられたのだろうと思いながら伺っています。

ただこのとき、私はその方がどんなに苦しいかはあまり気にしていません。注意して聞いているのは、その感情の後ろにある人間関係の構図です。

その人が、誰とどのような関係にあり、どこに不具合が起きているのか。登場人物が見えてきて初めて、問題の本質がわかるからです。そして、なぜ今、その感情があらわになっているのかが浮き彫りになるからです。


あるとき、40歳過ぎの独身男性が、相談にやって来ました。

同居する母親が何かにつけ自分の生活に口を出す。あまりにも支配的なので一緒にいるのが苦しい。どうしたらいいだろう。それが彼の悩みでした。

きちんとした仕事に就き、経済的にも安定している男性です。第三者から見れば、母親と距離をおけば解決すると、すぐわかります。

私の助言は、いたって簡単でした。

「そんなに苦しいのなら、とりあえず離れてみればいいじゃないですか。実家から独立してアパートを借りたらどうですか？」

すると彼は、驚いた顔で言いました。

「そんなこと言ったって、母はすぐ部屋まで来ちゃいますよ！」

それならいったん母親を部屋に入れ、しばらくして帰せばいいのです。泊まらせなければ、自分の時間や空間は確保できます。

しかし、「そうは言っても……」と納得した様子はありません。

本人は「苦しい」と切実に訴えます。でもじつは、本気で母親から離れたいと思っていないのだと私は理解しました。

確かに、彼にとって母の存在はうっとうしいのかもしれません。

しかし、母親が食事も身の回りの世話もすべてしてくれているのですから、多少の干渉さえ我慢すれば、ラクな暮らしができているはずです。「生活の便利さ」

と「親の過干渉」のどちらを選ぶのか。問題の本質は、シンプルです。

でも当人には「自分ではどうにもならない大問題」に映っていて、苦しくて仕方ない。推測するに、彼には仕事や他の人間関係で悩みがあり、その鬱々とした思いを母親にぶつけていただけなのかもしれません。

人間関係の問題を考えるときに大事なのは、「つらい」「憎い」「嫌いだ」の話と、「今起きている出来事」とは、別ものだと理解することです。

まずその前提に立たないことには、話は始まりません。

しかし多くの人は、その2つを混同しています。だから、堂々巡りを繰り返してしまうのです。相手との関係を正確に把握することなく、自分ひとりの思い込みで動いても、うまくいくはずはありません。

「今起きている出来事がつらいから悩んでいるのに、2つを切り離して考えるなんてできない」と言う方もいます。

でも、「今の状況」と「こうあって欲しい状況」が違うのなら、問題を明らかに見なければなりません。そのために、感情と状況を切り分けるのです。

要するに、冷静になって「考える」わけです。たとえば「上司が嫌いで会社に行くのがつらい」というのは、性格的あるいは人間的に「合わない」のか、それとも仕事上で「うまくいかない」のか。

前者なら、仕事上の必要以外に接触する時間を極力減らし、さらに相手を適当に褒めるかおだてるテクニックを身につけると、状況はかなり改善するはずです。

後者なら、相手を仕事に関わる「条件」として配慮しつつ、当面の課題に集中するのです。その場合、最終的な手柄を相手に譲る覚悟で臨むと、事態は好転しやすいと思います。

関係がいわゆる「パワーハラスメント」のレベルにまで悪化しているなら話は別です。対処の方法も個人のテクニックだけでなんとかできるものではありません。しかし、問題が「好き嫌い」にとどまる内は、それなりの動かしようがあるものです。

「あきらめる」は、漢字では「諦《あきら》める」と書きます。「諦」は、「悟る」ことと同じ意味です。ふだん使う「断念する」意味でなく、「つまびらかに見る」「明らかに見る」、仏の智慧《ちえ》を表します。

明らかに見るときに一番大事なのは、「苦しい」「つらい」という感情を抜きにして、事態を正確に判断できるか。そして、問題は自分の中ではなく、人との「間《ま》」にあると気づけるかです。人が直面する問題のほとんどが、人との「間」に存在します。「私の問題」とは、他人と一緒に織った織物のようなものなのです。

その証拠に、この世に自分ひとりだったとしたら、悩むことはないでしょう。他人がいて、自分がいる。その間にはストーリーが生まれ、人は喜怒哀楽を感じます。そしてそこに執着し、いつまでも反芻《はんすう》し続けます。

しかし、そのストーリーとは、自分自身の「記憶」にすぎません。

自分のつくった物語だけを見て、苦しい感情にどっぷりつかる前に、問題を解決するには、他人との関係を組み替えることだと見極める必要があります。

「関係を組み替える」と言うとき、試してみる価値があるのは、人間関係の根底にある力関係と利害関係をよく見て、そのバランスを変えてみることです。

やり方のひとつは、「少し相手に譲ってみる」こと(無理して大きく譲るのは逆効果です。バランスが「崩れて」しまうから)。

もうひとつは、新たに第三者を引き込んでみること(あらかじめ十分に問題を理解してもらわなければいけません)。これらの工夫が引き起こす変化を効果的に取り込んで、問題の解決に活かしてみてはどうでしょう。

この種の見極めができるかどうか。

これが、今自分が問題だと思っている状況から抜け出すための大前提です。

「なりたい自分」になれなくたっていい

もともと人は、「受け身」の存在です。
駆り立てられるように積極的に生きるのは、無理なのです。
「人生を棒に振ってもいい」くらいの気持ちでいればラクに生きられます。

「なりたい自分になる」という言葉があります。

「今の自分」ではなく、憧れの自分になれば、幸せに生きられる。だから努力して、自分を「なりたい」と思う自分に変えていく。そういう生き方です。

私は、このやり方には、無理があると思っています。

さきほどお話ししたように、人は自分自身の「記憶」と他人の「承認」によって規定されている作り物にすぎません。「なりたい自分」の「自分」とは何かすら、はっきりわかっていないのです。


最近よく耳にする「本当の自分になる」「ありのままの自分になる」という考え方も、あり得ません。

「本当の自分」「ありのままの自分」とは、一見、なんのとらわれもなく心のままに生きられる、ひとつの理想像のように思えるかもしれません。

しかし、誰が、何を基準に、その自分が「本当」で「ありのまま」だと判定するのでしょうか。

私には、それがよくわからないのです。

結局は、「本当の自分」「ありのままの自分」になるために、あるいは「なりたい自分」になるために、記憶と「他人の承認」の中をさまよいながら、「自分は、これでいいのだろうか」と葛藤《かっとう》しているだけになるでしょう。

「今の自分を好きになれないので、本当の自分を見つけたいのです」と訴える方がいますが、自分というものに対して居心地の悪さを感じるのは当然です。

私たちは生まれたいように生まれたわけではなく、気がついたらそのように生まれついていただけです。いわば他人に仕立てられた、お仕着せの「自分」でしょう。最初から寸法が合うはずもなく、無理をしながら「自分」をやっているのですから。

もちろん、それでも楽しく生きている人はいます。

そうやって生きられる人たちはよかったね、と思えばいいだけの話です。夢や希望や「理想の自分になる」といった物語に乗れるのなら、それでなんの問題もありません。

しかし、もしそこに違和感があるのであれば、むりやりその生き方に合わせるのは、新たな苦しみを生むだけです。


「充実した毎日を送りたい」

「人生をもっと有意義に過ごしたいのです」


そうおっしゃる方たちが、「意味のある人生」を送りたいと思う気持ちはわかります。しかし、そう考えて苦しくなっているのなら、その「充実した人生を送る」

「自己実現して生きる」といった物語からは、降りてもいいのです。

今見ていると、どんな人も非常に力が入っています。

「よりよい人生を生きなければならない」と思い込み、「人に勝たねばいけない」と焦っている。

「得をしたい」「ほめられたい」という欲もある。

だから力んで、仕事に、余暇の充実にとがんばってしまう。

スケジュール帳がびっしり埋まっていないと不安になってしまう。

さぞ苦しいだろうから、力を抜いて「大したことのない自分」を生きればいいのにと思います。

しかし同時に、それがむずかしいのもよくわかります。

人間は、力を入れるようにはできていますが、力を抜くのは非常に苦手なのです。坐禅で「肩や手足の力を抜いてください」と指導して、すぐそのとおりにできる人はまずいません。

ただ、思い出していただきたいのですが、人はやる気に満ちて、力いっぱい生まれてきたわけではありません。

もし自分で「これから生まれるぞ」と決めて積極的に生まれてきたのなら、力を入れて生きるのもわかります。でも実際、人は根本的に受け身で生まれてきているのです。

その証拠に、赤ちゃんは人の手を借りなければ、絶対に生き延びることはできません。人生の始まりからして、われわれは他人の存在によって生き延びてきました。

それを思い出せば、「こうあらねば」とむやみに力を入れて生きることの不自然さがわかるでしょう。

もともと人間は受け身の存在なのに、駆り立てられるように積極的に生きるのは無理なのです。

それでも無理しないと生きられないのだとしたら、自分を追い込まない「無理の仕方」があるだけです。

しかし本当のことを言えば、無理をすることもない。たいていのことはやり過ごしてもいい話なのです。

乱暴なことを言うと思うかもしれません。

でも死ぬ間際になれば、大したことは残っていません。今ジタバタしている問題について、思い出したりもしないでしょう。

人生の最後に一生を振り返ったとき、おそらく、「多少の満足」と「いくつか後悔」が残るのが普通です。

多くの方を弔《とむら》ってきて、そう実感します。
けれど、それでいいのです。

人生を〝棒に振る〟くらいの気持ちで生きれば、ちょうどいいのです。
すると、ラクに生きられます。
そして、ラクに死ぬことができます。

自分のためではなく、誰かのために何かをする

「何を大切にして生きたいか」を考え、
自分のやるべきことを見極められれば、
日々の生活の中に、
具体的な喜びや楽しみが生まれます。

「人生を棒に振るつもりで生きたらいい」と話すと、切羽詰まった口調でこう聞かれることがあります。

「その、棒に振るというのは、どうすればいいんでしょうか!?」

「何もしないことでしょうね」と答えたいところですが、人は何もしないではいられません。

それに、「まったく無責任な坊さんだ」と言われかねないので、こう答えます。

「自分のためではなくて、特定の誰かのために何かをすることですね」と。


話が飛躍しましたが、私が言いたいのはこういうことです。

人は、人生になんらかの意味を感じないと生きられません。

そして、人間の最大の欲求が「誰かから認められたい」ということです。

では、人から認められるにはどうすればいいか。

それは、「自分のなすべきこと」をなすことです。自分のやりたいことではなく、

「やるべきだ」と信じていることです。

簡単に言えば、「何を大切にして生きたいか」を考えて、それをやることです。誰を大切にしたいのか。何を大切にしたいのか。

この2つについて考えるのです。

自分のためでなく「誰かのために」「何かのため」になすべきことをする。将来は変わっても構わない。少なくとも「今」、自分がやるべきことは何かを考えるのです。私はこのことを「自分のテーマを決めて生きる」と言っています。

「なすべきことをやったほうが得だ」と言っているわけではありません。まったく別の話です。

自分の損得や感情を、まず外すこと。「得したい」「ラクしたい」という感情を脇において、今何が自分に起きているかを見て、「べき」を考えるのです。それを見極めるとき、「得したい」「ラクしたい」は、大きなバイアスになります。

私がひとつの手本だと考えるのは、職人の生き方です。

大工さん、農家や庭師、豆腐屋さんやお寿司屋さん、事務職あるいは技術職の人、どんな職業でもいい。「職人」「職人技」と認められるほどの腕があり、仕事で評価されている人たちは、「やるべきこと」が決まっていて、それを最優先に生きています。

すると、人に対して見栄やてらいがほとんどありません。自分自身が評価されなくても、〝自分の仕事〟が評価されればいいからです。彼らは、それ以上の満足も承認も必要としていません。

「仕事が認められること」が「自分が認められること」なので、結果的に自分自身に対する執着が消えてしまうわけです。

彼らの関心は、いいものができるかどうか、満足のいく仕事ができるかどうかだけに向けられています。

そして、「今日もよく働いた」と晩酌をしてくつろぎ、一日を終える。日々の生活の中に具体的な喜びや楽しみがある。うらやましい生き方です。

自分の「べき」をはっきり見られるようになれば、「～したい」に振りまわされることはありません。他人から見てどう思われるかと、いちいち顔色をうかがうこともありません。また、「～したい」ではなく、「～するべき」というところから何かをやれば、必ずそれを認める人が出てきます。

といっても、それが大げさなことである必要はまったくありません。

自分の中に「やるべきだ」という確信があり、人にその理由を説明できること。つまり、何を選択するにしろ、「なすべきこと」とは欲望ではなく、価値なのです。

ただし、自分の乏しい能力と限られた時間の中で、何が狙えるのかをシビアに考えないと意味がないでしょう。「あれも、これも」は、まず無理だと理解することから始めてください。

ただ、私はそれもすべて幻想だと考えます。

しかし、人には幻想が要るのです。

自分がどの幻想を選んで生きるのかを決めることが、「べき」を決めることです。

そして、「べき」が幻想だとわかったうえで、結果を期待したり見返りを求めたりせず、思いどおりにならなくとも仕方がないというスタンスでやらなければいけないのです。それを覚悟でやるのが「生きる」ことです。

自分が選んだ「べき」が、しょせんは幻想だとわかっていれば、力む必要もないでしょう。

たまたま生まれてきた「自分」です。

「人生を棒に振ってもいい」と思って取り組むくらいで、ちょうどいいのです。

生きるか死ぬか以外は大したことではない

深刻な問題ほど冷静になって、
自分で対処できるのか、誰かの助けが必要なのか、
やり過ごせばいいのかを見極めましょう。
それが、問題を〝取り扱い可能〟にすることです。

永平寺で3年の修行期間を終えた後、私はそのまま寺に残り、修行僧の指導や割り振られた職務を行う「役寮」という立場になりました。その役寮時代の話です。

部屋で本を読んでいると、遠くから「南さん！　南さん！」とただならぬ声が聞こえてきました。若い修行僧の声です。声は次第に近づき、「南さん、大変です！」と修行僧が息せき切って部屋に駆け込んできました。

私は本を置き、「生きるか死ぬか以外は、大変なことなどない！」と一喝《いっかつ》しました。「そうですよね……」と我に返った相手に用件を聞くと、ある老師が私に用があるので、早く来て欲しいと言っているとのことでした。

しかし老師に電話してみると、急を要する用事ではありません。「できれば早めに連絡して欲しい」といったニュアンスの伝言だったようです。

「ほら、見ろ」と言うと、彼は恐縮していましたが、老師は、私の職務とはふだん関係のない部署で、しかも役職の高い僧でした。当時何かと厳しかった私に早く伝えなければと、彼が焦ったのも無理はありません。

こういうとき、人の視野は非常に狭くなっています。

たとえば、10センチ四方の紙の上に直径10センチの球を載せたとすると、それはあふれんばかりに大きく見えるでしょう。焦っているときは、その状態です。

しかし、同じボールを1メートル四方の紙の上に置けば、その存在感はまったく変わります。「ああ、小さい球だな」と思うはずです。

人生に問題が起きたときも同じです。

問題を球にたとえるなら、仮に視界が10センチ四方しかないときに、10センチの球を目の前に置かれたら、視界全体がふさがれてしまいます。でも、広々とした視界を持っていれば、そこにどんな大きさの球があろうと驚くに値しません。

生きるか死ぬか以外は大したことではない。これは、極端な言い方です。

しかし、そこまで枠を広げてしまえば、今まで大きく見えていた問題が一気に小さくなります。すると、スッと冷静になれるのです。

冷静になってから、その問題が本当はどの程度の大きさなのか。自分の手に余るのか、それとも対処できるのか。誰かの助けが必要なのか、やり過ごせばいいのか。それが見えてきます。

〝問題を取り扱い可能にする〟とは、そういうことです。

深刻な問題に悩むことは、誰にもあるでしょう。仕事で追い詰められてウツになったり人間関係で苦しんだり、相談に来られる方の話を聞いていても、つらい状況であるのはわかります。

でも極論すれば、人生において、生きるか死ぬかという問題以外に大事なことはありません。それ以外のことで、しかも自分で決められることなど、じつはささいなことです。

その視点を養えるかどうか。それが、ときにその人を救うこともあるのです。

自分自身で判断できるのは、人生の「些事」だけ

大きな決断は、必ずまわりの人間を巻き込みます。
自分の決断や判断は、あまり役に立ちません。
自分自身の感覚に頼りすぎたり、
自信を持ちすぎたりしないほうが賢明です。

大きな決断をしなければならない状況は、たいていネガティブなものです。たとえば、好きな相手との結婚や希望の職場への就職など、自分の望むものであれば、人は迷いません。決断するまでもなく、その勢いに乗るだけです。ただ「これを選ぶ」と言えばいいだけです。

また、転職したいと思ったとき、もし別の会社が好条件でスカウトしてくれたり、独立できるメドがあれば、迷うまでもありません。すぐ次に移れます。しかし適当な転職先も見つからず、フリーになるのもむずかしい。でも、今いる職場は嫌だ。こういう場合、人は迷います。次の行動を決められず、どうしようかと迷っている時点で問題はネガティブなのです。

このような選択は、「どちらを選んでも地獄だ。いいことはない」と思っているくらいでちょうどいいでしょう。そうすれば何が起きても、少なくともあわてることはありません。

それに人生を変えるような大きな決断は、自分の判断だけで済むことはまずありません。不思議なもので、まったく予想外の力が働きます。

私自身も、これまで問題が大きくなればなるほど、「そうせざるを得ない力」が働き、もはや、それを選ぶしか道はないという状況になりました。

予想外の力が働くとは、こういうことです。

たとえば、転職するかどうか決められないとき、突然悩みのタネだった上司が転勤になる。あるいは、ヘッドハンティングの話が来る。そのような予期せぬ出来事が起き、職場に残るか辞めるかが自動的に決まったりするのです。

もしどちらか選べない状態が続いていたとしても、焦らず待つことです。そのうち、どちらかを選ばざるを得ないような力が必ず働きます。結果的に、自分の判断どおりにしなくてよかった。そう思うことも多いのです。

いずれにしても、大きな決断は、必然的にまわりの人間を巻き込みます。自分の決断や判断は、あまり役に立ちません。自分だけで判断できることは、しょせん人生の些事《さじ》です。

自分の感覚に頼りすぎたり、自信を持ちすぎたりしないほうがいいのです。

もし、どんなことも自分で決められると思っているのだとしたら、その認識は根本的に甘いと言えます。自分という存在は、一定の条件の中でしか成立していません。条件が変われば状況が変わり、その決断は通用しなくなります。

だから、すべてを自分で決めて、自分で変えられると思うのは大間違い。そう思っていればよいのです。すると、事態が動かないときでも、むやみに焦る必要がなくなります。

それでも、自分で決めたいと思うのなら、決断の結果どう転んでもいいと覚悟を決めておいたほうがいいでしょう。さきほど話したように、どちらを選んでもつらいと思っておけば、大して後悔することもないでしょう。

「置かれた場所」で
咲けなくていい

すべての物事は、
ひとつの条件によって成立している「仮のもの」。
どんな場所も人間関係も、
「絶対」ではありません。
そこにいるかいないかは、自分自身で選べます。

「置かれた場所で咲きなさい」という言葉を初めて知ったとき、私は思わず笑ってしまいました。

「幸運にも自分が置かれたい場所に置かれたのならともかく、誰かに一方的に置かれた場所でただ咲けとは、いったい何を言っているのだろう」と思ったのです。

その「置かれた場所」とは、「たまたま置かれた」にすぎない場所です。

それを絶対的なものと捉えて、しかも「そこで咲け」と言うのですから、なんとも過酷な話です。

たとえどんなに理不尽で厳しい立場に置かれようが、それを受け入れ、我慢して自己実現に努力せよと言うのであれば、私から見れば差別的ですらあります。

また理屈を言うようですが、たとえば南北戦争前のアメリカでも、黒人は「置かれた場所」で咲かなければいけなかったのでしょうか。

ただ、このタイトルの本が大ヒットした理由はわかります。

このように言われたら、自分が苦しい立場に置かれていても、諦めがつくからです。


仏教では、すべての物事は、ひとつの条件によって成立している「仮のもの」だと考えます。

人間関係も、仕事も、家庭も、常に一定の条件でしか成立しないあいまいなものです。

今、自分がどんな場所に置かれ、どんな状況にあろうと、それは一時的な状況だと捉えるのが、仏教の視点です。

たとえば、同僚や上司との人間関係がうまくいかなければ、それは深刻な問題かもしれません。

しかしそこを辞めれば、職場の人間とは一切の関係がとぎれます。

また、学校でどんないじめに遭っていたとしても、転校したり卒業したりすれば、いじめた相手とは縁が切れます。

家族でさえ一緒にいるから「家族」なのであって、離婚したり、生まれてすぐ親子が離れ離れになったとしたら、赤の他人同士です。


たとえ、自分でその場所を選んだのだとしても、予想に反して「たまたま」つらい場所だったということはよくあります。

それならば、別の場所を探してもいいし、もうしばらくその場所に居続けると決めてもいい。

そこにいるかいないかは、自分自身で選べます。本当につらいのは、その選択の余地がないときです。

「自分の居場所がどこにもない」と言う人がいますが、居場所がなくて当たり前なのです。

すべては「仮の宿」であり、一時的な場所ですから。

どんな場所も人間関係も、「絶対」ではありません。

そこに行けば一生安心と言える居場所など、この世にはあり得ません。

もし「自分の居場所が欲しい」と思うのなら、自分で探すか、居場所を確保するために、ここと決めた場所が少しでも居心地がよくなるよう工夫するしかありません。


「いや、今いる場所で咲こうとするくらいの根性がなければダメだ」と言うのは、「今いる場所」や「自分」が、絶対的な存在だと勘違いしているだけです。

「誰か」の価値基準を無条件に受け入れて、そこで咲けるよう努力しろと言う。

これは、仏教の立場ではかなりおかしな話なのです。

置かれた場所で咲かなくてもかまわない。

ただ、やり方によっては咲くこともある。

その程度のスタンスで「置かれたところ」にいれば十分だと私は思います。

「人生に意味などない」というところからスタートする

「この状況をなんとかしなければ」と思うのは、
自分を追い込んでしまうだけ。
今の自分とは違う視点があると気づくと、
見える景色がガラッと変わります。

仏教では、「人間は無明《むみょう》である」と考えます。

無明とは、普通「知恵のない状態」「真理に暗い状態」といった意味で用いられます。

私の考える無明は、人間の存在それ自体には確かな根拠がない、ということを知らないことです。


この話をすると、仏教を学んだ人はこう言います。

「いや、人間には仏様と同じ〝仏性《ぶっしょう》〟があると言いますよね。人間はその仏性を磨けば、仏様のように尊い存在になれるのでしょう？」

確かに、一般的に「仏性」は、そのように語られています。

ところが、曹洞宗の始祖である道元禅師は、「仏性とは無常なり」と言っています。

これは、仏性は存在するものの「本質」でも「実体」でもないという意味になります。

くわしくお話しするのはこの本の目的ではありませんので別稿に譲りますが、私に言わせれば、仏教ほど救いのない、ヤバい宗教はありません。

要するに、「自分が自分であることにはしょせん根拠がない」と言っているのですから。

そんな根拠のない自分を、自分で変えられると考えるのは勘違いです。

また「この状況を、自分の力でなんとかしなければ」と思うのは、自分を追い込んでしまうだけです。

どうしても「自分を変えなければ」と考えてしまう人は、胸の内に空いた「穴」が大きすぎるのかもしれません。

それだけ真面目なのです。

ただ、やっきになって埋めようとしても、たいていはその穴は埋まりません。

「ああ、この穴は根治しないのか」と思い、その「病」を抱えて「一病息災《いちびょうそくさい》」で生きていこうと決める。

「人生のそれ自体に意味などないのだから、わからなくていい」と気づく。

そして、「穴」の空いた自分と折り合いをつけながら、持ちこたえていく術を身につける。


仏教的に言えば、選択肢はそれしかありません。

世の中には、今の自分の視点だけではない別の見方があると気づくと、今まで見ていた景色がガラッと変わるような感覚が生まれます。


仏教に限りません。

どんな宗教でも、あるいは哲学でもいいと思います。
そこから新しい視点が得られれば、それぞれの見方を検討できます。
どの視点から見るかで、人生はまったく別の意味を持ち始めます。

私がこの世を生きるために選んだのが、釈迦の説いた視点でした。
3歳頃から自覚していた「穴」とともに生きて問題と取り組むには、仏教に賭けるしかないと決めて出家したのです。

だから、修行を始めたばかりの頃、新入りの修行僧が必ずといっていいほどかかる脚気《かっけ》で入院したときも、永平寺に戻れることだけを切望していました。そこしか道はなかったからです。

しかし、身長180センチ以上ある私が体重50キロを割り、右手右足が完全に麻痺《まひ》して、医者から元に戻らないかもしれないと言われたほど症状は進んでいました。

当時は誰もが、「あいつはリタイヤするだろう」と思っていたようで、寺に戻ったときは、ゾンビと言われました。

自分の選択が「正解」だったのかどうかは、死ぬまでわかりません。

しかし生きている限りは、そこに賭けていくと決めています。

情報の99%はなくてもいい

「悩みや苦しみをなんとかしたい」と
切実に思ったとき、
人は情報の選別を始めます。
そこから、知恵が生まれ、
生きるための世界観が育まれていきます。

自分の問題を見ていくとき、必要になるのが「教養」です。

このように言うと、「では、本を読んで勉強しろということですか？」と聞かれますが、そうではありません。

私の言う教養は、単なる情報や知識を得ることとは違います。学歴も読書量も、まったく関係ありません。

ただし、教養は「あってもなくてもいいもの」ではなく、誰にとっても欠かすことのできないものです。

なぜ、教養がなくてはならないのか。

それは、問題を考えるときの「世界観」を持つためです。

この世界が、自分にとってどんな場所なのか。

自分とこの世は、どんな関係があるのか。

世界観がなければ、それを見極めることはできません。そして、そのためには、情報を選別し、教養を養うしかないのです。

このとき誤解してはいけないのが、「情報」と「知識」と「知恵」と「教養」は、まったく別物です。

ここで整理しておきましょう。

まず、世の中に今ある情報の99%はなくてもいいものです。自分にとって必要な情報はせいぜい1%程度でしょう。

抽出された1%を、「知識」と言います。

その知識を、自分の問題に組み込んで使えたときに、「知恵」となります。

抽出した知識を人生にどう生かせるのかがわかれば、それは知恵があるということです。

ここで「なるほど、知恵がつけば教養が生まれて、教養を身につけたら、世界観が生まれるのか」と早合点してはいけません。

世界観が持てないと、あふれている情報から自分にとって必要な1%を抽出することができないのです。

つまり、「情報↓知識↓知恵↓教養↓世界観」は、ループのように輪になってつながっているというわけです。

では、どうすれば世界観や教養が持てるのか。

先ほど話した職人を例に考えてみましょう。

日々自分の仕事に従事している彼らの多くは、膨大な本で勉強しているわけではないでしょう。

しかし自分なりの世界観が彼らにはあります。それがなければ、人から認められる仕事はできません。

なぜ職人たちが世界観を培えたかと言えば、彼らが「考える人」だからです。彼らは、仕事を通じて世の中を見る目がはっきりしている人たちです。だから、自分にとって「要るもの」と「要らないもの」が明確にわかっているのです。どうすれば、熟達した仕事ができるのか、失敗を繰り返しながら、試行錯誤を続けつつ真剣に考えたからこそ、情報が抽出されて知識となり、具体的な実践の中で知恵となって教養や世界観が育まれたのです。

では、いったいわれわれがどこから手をつけたらいいか。それにはまず、自分の問題から逃げず、しっかり困ったり悩んだりすることです。

人が学び始めるのは、自分の悩みや問題を見据えることができ、この状況をなんとかしたいと本気で考えたときです。そのためには、きちんと困ったり、悩んだりしなければならないのです。

悩みや苦しみをなんとかしたいと切実に思ったとき、人は情報の選別を始めます。

もちろん、そこからすぐに事態が変わるわけではありません。

しかし、「情報を使いたい」「問題を解決したい」と実践を繰り返すうちに、少しずつ情報から世界観へのループが回り始めます。

そのスピードは、ゆっくりかもしれません。

また、問題の見極めに失敗すれば、ときにはループの回転が滞ることもあるでしょう。

でも、ループはじわじわと回り続けます。そしてその回転は、確実に世界観を育んでいくはずです。

人生はネガティブで当たり前

生きることへの違和感を、
出来合いのノウハウで解決しようとしても
うまくいきません。
手間と時間と根気をかけ、
置かれた状況を冷静に見て、具体的に考えましょう。

「私はネガティブなんです」「自信がなくて、どうしてもポジティブになれないんです」とおっしゃる方が最近増えました。

率直なところ、そもそも自分がネガティブであることなど知っているのに、今さら何を言っているのかなと思います。ところが、話を聞いてみると、どの方もそれなりに安定した生活を送っていて、大変な問題が起きているようには見えません。

それで、何がどうネガティブで、何に対して自信がないのかを具体的に聞いていくと、当の本人もよくわからないのです。

「楽しくない人生はネガティブだ」と考えて、漠然と悩んでいるだけのことも多いように見受けます。

また、「最近うまくいってなくて」とぼやく人もいます。

何がうまくいってないのかを聞くと「いや、いろいろ考えてしまって……」と口ごもり、「いろいろ」の内容が言えません。ただなんとなく、このままではいけないと思っているにすぎないのです。

私には、悩んでいる人たちが、「ネガティブ」「うまくいかない」などの言葉を自分に貼りつけた時点で安心して、考えることをやめてしまっているように見えます。

しかし、生きることへの違和感があるのなら、その「ネガティブ」や「いろいろ」の中身をきちんと考えなければ先へ進めません。

自分が何に困っていて、何が欲しいのか。

自分がどんな状況にいて、どう変えたいのか。

それを見極めるためには、置かれた状況を冷静に見て具体的に考えていく根気が必要です。

今、人生の問題を解決するとうたう本や情報は、あふれています。

しかし、人生は複雑なものです。人はそれぞれ環境も条件も違います。

考える手間を省いて、出来合いのノウハウをあてはめようとしても、うまくいくはずがありません。即効性を期待して、インスタントにやろうとすればするほど、失敗します。

残念ながら、何十年もかけて自分の中で育ってきた問題が、一発で解決することなどあり得ないのです。

たとえば、坐禅体験を一度しただけで、悟りを開けると思う人はいないでしょう。プチな修行ではプチな結果しか得られないように、インスタントな解決を求めれば、それなりの成果しか出ないのは当然です。

それでも、どうにかしたい状況があるのなら、自分が「これは！」と思ったことを実際に試し、少しずつ修正していくしかありません。

それは面倒なことでしょう。

ただ、手間と時間と根気をかける価値はあります。

手間暇をかけたからといって、問題が解決するとは限りません。

また、やり続けるにはストレスもかかります。

しかし、それでも続けていくうちに、問題をなんとかいなして感情をなだめ、「べき」を見つける道筋は見えてくるはずです。


問題や感情に振りまわされて、ストレスを感じるのか。

手間暇をかけることに、ストレスを感じるか。

生きていくうえで、どちらを選ぶのかという話です。

「損得」を棚上げにして、できることはやったのだという「納得」が得られるまで持ちこたえられれば、私は上出来だと思います。

二章

「夢」や「希望」という重荷を下ろす

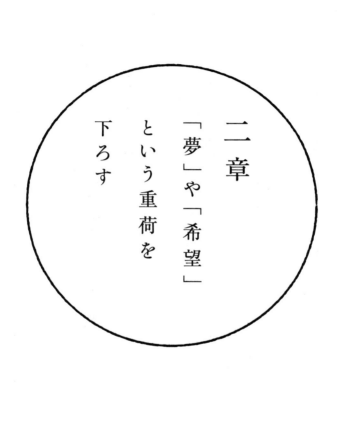

「夢」や「希望」がなくても
人は生きていける

夢が破れたときに、人は損得勘定から離れ、
自分が本当に大切にしたいものは何かを見極めます。
夢が破れたときに、初めて見えてくるものがあります。
絶望の果てにしか見えない風景があるのです。

以前、ある中学校に講師として招かれました。司会をしていた教師に、「これから、ためになるお話をしていただけます」と紹介されたので、「そんな話は、私にはできませんが……」と断って、こう切り出しました。

「私は60歳前のおじさんですから、みなさんの気持ちは少しもわかりません。これからする話がためになるかはわからないが、私にも中学生だった時代がありました。当時のことを思い出しながら話すので、自分の役に立つと思ったことだけを覚えていてくれれば十分です」

それから話したことをかいつまんで言うと、次のようなものです。

＊　＊　＊

ほかの大人は君たちに夢や希望を持てと言うかもしれない。

もちろん、夢や希望どおりに生きられた人間は、けっこうな人生を送れたのだからすばらしい。拍手を送ろう。

しかし、私が今まで生きてわかったことがある。それは、人生では夢が叶わなかったり、希望どおりにいかなかったりすることのほうがずっと多いということだ。

現実では、ほとんどの人間は夢破れる。

でも、心配するな。夢が破れても人は生きていくことができる。その方がもっと大事なことだ。

その証拠にまわりを見てみるといい。

先生や君たちの親が、子どもの頃の夢を叶えて、理想の人生を生きているか？

畑仕事したり、公園のベンチに座ったりしているおじいちゃんやおばあちゃんに、いまさら夢や希望が要ると思うか？

そんなものを叶えていなくても、みんな十分元気で生きているだろう。

だから、夢や希望なんて持たなくても大丈夫。
なんの問題もないから、安心していいのだ。

＊　＊　＊

未来ある中学生に、身もフタもないことを言っていると思うかもしれません。
しかし、彼らは明らかに話に食いついてきました。つまり、リアルな話だったのです。

夢や希望を持つことが、必ずしも悪いと言っているわけではありません。
ただ、持たなくても一向にかまわないと言っているのです。
現代で言う「夢」とは、多くの場合「職業」を指しているにすぎません。
ほとんどの人にとって、夢とは「なりたい職業」であり、その職業をとおして自己実現したいのでしょう。しかし、その実現したい自分そのものが、非常にあいまいな存在にすぎないことは一章でお話ししたとおりです。

職業を考えるときにもっとも大切なのは、「人の役に立ってお金をもらうこと」です。仕事は、自分の夢のためにあるわけではありません。

そこをはき違えていると、人は夢や希望に振りまわされてしまうのです。

私が本当に偉いと思うのは、夢や希望を叶えて生きる人ではありません。

夢に破れても生きていく人です。

「この目標を叶えたい」という願いが叶わなくても、しぶとく生きていく人です。

夢や希望を叶えて生きるのは、ある意味、ラクなことでしょう。

たとえば、オリンピックで金メダルを獲った選手は、周囲の期待や精神的な重圧に耐えて結果を出せたことは、偉いかもしれません。

しかし、彼らはもともと優れた才能や精神力があり、自分の夢を叶えるために相応の努力をしたわけです。その才能と努力に見合った結果を出したのですから、その意味では、当然のことをやったまででしょう。

でも、血のにじむような努力をしたのにメダルに手が届かなかった選手が、結果を残せた選手より劣っているかと言えば、まったくそうではありません。

目標に向かって、懸命にがんばってきたけれど叶わなかった。

夢をつかもうと必死で手を伸ばしたのに、届かなかった。

その挫折感から立ち上がり、再び歩き出した人間の底力は、大したものだと感服します。そういった経験は考え方の幅や強さとなって、その人の財産となるはずです。

私は、人間にとって挫折は大事だと思います。なぜなら、そのとき人は損得勘定から離れられるからです。

「自分の欲を満たしたい」「人から認めてもらいたい」「自分のためになることをしたい」……。

ふだん、人は得をしたいと思うところから動いています。

「こうすればうまくいくかもしれない」「これをやれば得になるから、やってみよう」と考えがちです。

しかし、人生につまずくと、そんな算段は吹き飛びます。

思いどおりにいかなかったとき、夢破れたときに、人は損得から離れ、自分が本当に大事にするものを見極めます。

そして、それを見極めた後、自分の努力が報われるかどうかわからなくても、歩き始めます。

そんな人間には、ある種の凄みが備わるのです。

だから、夢や希望が叶わなくても、がっかりすることはありません。

むしろ、夢や希望が人生の妨げになるかもしれません。

夢も、希望も、じつは麻薬のようなものだからです。

いつまでも叶わない夢を持ち続けているのは、夢という麻薬が切れたときの禁断症状が怖いからにすぎません。

本当は、夢と希望を持つことに疲れ切っているのなら、今後もそれを持ち続けるのか、それとも手放すのか。

「夢」の後ろに隠れた自分の本音を、一度徹底的に見てみることです。

夢も、「夢を追う自分」も徹底的に冷たく見る

本当に、夢を叶えることができるのか。
そのためにリスクと犠牲を払う覚悟が、自分にあるのか。
「ひょっとしたらダメもしれない」というところから、そこから具体的に踏み込んで考えなければ、
夢は「夢」で終わります。

それでも、叶えたい夢があり、希望がある。

そう言うのなら、「冷たい夢」や「冷たい希望」を持つべきです。

夢という名のふんわりした妄想に時間を費やすのは、はっきり言って無駄です。

本当にその思いを叶えたいと思うのなら、自分が夢や希望を持つことの意味を、冷たく見てみるしかありません。


「冷たい」とは、端的に言えば、夢や希望との距離を自分自身できっちり測れることです。

今の自分と、夢との距離を見極めることができるなら、そこへ至るまでの手段を考えることができます。

その夢を叶えることが、本当に可能かどうか。

そのために、リスクと犠牲を払う覚悟があるのか。

それが見えてきます。

そこに至るまでの道筋を具体的にイメージできなければ、漠然と「○○になりたい」と夢見ていても先はありません。

本気で夢を叶えたいのなら、むしろ「目標」に変えたほうがいいのです。「夢」が「なりたい職業」のことなら、自分の能力を厳密に計って就職までの道のりを具体的に読み、条件を揃えてチャンスを得るだけです。

それで首尾よく就職できれば結構ですし、できなければ、後は「夢」を断念するタイミングを見誤らないことが大切です。

つまり、「目標」とは断念の可能性をきちんと折り込んだ「夢」のことです。

要するに、「ダメかもしれない」と覚悟のうえで先に考えるのが、「冷たく見る」ということです。

「冷たく見る」とは、「さめた目」で見ることとは違います。

「さめた目」には、まだ余裕があります。

自分に対して、徹底的に冷たくならなければなりません。

夢も、その夢を追う自分自身も「絶対零度」にして始める。

あえて「ひょっとしたら、自分には才能がないかもしれない」「夢は叶わないかもしれない」と考えるところから始めるのです。

そうすれば、安直な夢にコミットすることはなくなるはずです。

「欲しい、欲しい」と思うときは、強い不安があるのだと考える

どんなに欲しいものを追いかけても、
その背景にある理由がわかっていなければ、
心は満たされません。
何が自分に、そう思わせているのか、
きちんと見極めなければいけないのです。

時間、地位やお金、承認や賞賛、特定の状況など、「欲しい、欲しい」と願い続けている人がいます。常に何かが足りないと感じている。そういう人たちは、本当に何かが欲しいのではありません。多くの場合、「欲しい」の底に強い不安があるのです。

だから、「○○が欲しい」と話す人たちに、「何がどのような理由で欲しいのか」を尋ねても、あいまいな答えしか返ってきません。また、話を煮詰めていくと、じつは簡単に手に入るものを求めている場合もあります。

以前、悩み相談に来た女性が、「結局、私は心安らかな毎日が欲しいだけなんです」と言うので、「それは、どういう毎日ですか?」と尋ねてみました。

彼女が話し始めたのは、「朝7時頃起きて、ゆっくりお茶を飲んで、朝食をきちんととって……」と、今すぐにでもできそうなことです。それなら話は早いと、具体的に聞いていきました。

「では、今何時に起きているんですか？」

「8時にしか起きられないので、いつもバタバタなんです」

「それなら早寝して7時に起きれば、すぐ心安らかになれるじゃないですか」

「いや、忙しくて寝るのが遅いから、睡眠時間は削れません」

「だったら、仕事を早く終わればどうですか？」

「時給で働いているので毎日1時間短くすると、月に○○円も低くなって……」


と、つつましい計算が始まりました。

しかし、自分が何を大切にしたいのかがわかっていれば、人に聞くまでもありません。


朝ゆっくり過ごして平穏な日々を送りたいのなら、多少の収入減は受け入れる。

お金が欲しいのなら、あわただしい毎日は仕方ないと考え、しっかり働く。

どちらかを選べばいいだけです。悩む必要はまったくありません。

結局、自分が何を求めているのか、何を大切にしたいのかが、よくわかっていないから混乱してしまい、不安になるのです。そして、「何か」が手に入れば、幸せになれると勘違いするのです。

逆に、何が欲しいのかを聞いていくと、非現実的な夢を語り始める人もいます。「豪邸が欲しい」「有名になりたい」など、初めから明らかに本人も無理だと心の中では思っていることを「欲しい」と言う人もいます。

そんな人たちの共通項は、満たされていない「何か」があり、きわめて不安な状態が続いていること。そして、自分自身が不安であることにすら気づいていないことです。

「こんなはずではなかった」

「このままでいいのだろうか」

そんな漠然とした不安の代用品が「欲しいもの」であり、もっと言うなら、「自分の生活を思いどおりにしたい」という欲望なのです。

「思いどおりにしたい」という意味では、ここ数年流行している「物を持たない暮らし」も同じです。最近では、物どころか、家具さえほとんどない殺風景な部屋で暮らす生活が注目されています。

しかし本質を見れば、そういったシンプルすぎる部屋は、ガラクタで溢れるゴミ屋敷と変わりありません。

極端なほどシンプルな暮らしの根本に何があるかと言えば、対象を「思いどおりにしたい」という欲望です。物を捨てる行為は、「物を所有したい」という欲望と同じであり、「思いどおり」の中に「捨てる」ことが含まれているにすぎないのです。

どんな暮らしをするのも自由です。ただ、物事が思いどおりになることは少ないと覚悟してやったほうがいいでしょう。

しかし、もっとも大事なのは、なぜ自分が「欲しい」と思うのか。あるいは、「捨てたい」と思うのかです。

その理由がわかっていなければ、どんなに「欲しいもの」を追いかけても、あるいは、無駄な物が一切ない殺風景な部屋で暮らしてみても、問題は永遠に解決しません。


だから、話の次元を変えないといけないのです。

自分はいったい何が不安なのか。

どのような状況が自分を不安にさせているのか。

手間と時間をかけてきちんと考え、見極めなければいけないのです。

「生きがい」や「やりがい」をつくる必要はまったくない

生きがい探しをしたくなるのは、
現状に不満や不安があるときです。
問題を直視して、不具合を調整すれば、
生きがいなどは無用でしょう。

夢や希望が必要ないのと同じように、「生きがい」や「やりがい」の類《たぐ》いも、無くてかまわないと私は考えます。

「せっかく生まれてきたのだから、意味のある人生を送りたい」と言う人がいますが、「せっかく」はなく、この世に「たまたま」生まれてきただけです。

もちろん、「やりがいのある仕事」や「生きがいに満ちた毎日」がある人は、その日々を謳歌していただければいいでしょう。

しかし「生きがいが感じられない」と、悩むほどの問題ではありません。そんなものがなくても十分生きていけます。

「そうは言っても、社会とかかわりながら、充実した毎日を送りたいのです」

「誰かの役に立っている実感を得たいじゃないですか」

「自分の使命を見つけて、人の役に立たなきゃと思って」

そう言う方には、具体的に「誰」の役に立ちたいかを尋ねます。すると、「誰と言われても……」と、ほとんどの方が口ごもるのです。

ある男性に、「では、奥さんの役に立つことをしたらいかがですか?」と言ってみました。すると「いや、それはちょっと」と苦笑いされました。

「奥さんだって人の内でしょうに、おかしな人だ」と思ったものです。


「人の役に立ちたい」と思ったときは、自分がいったい「誰」を大事にしたいのかを考えていけばいい。ごく簡単な話です。

現実的に言えば、大切にしなければならないのは、自分と縁の深い人間、身近にいる人間でしょう。

でも多くの人は、具体的に問題を考えているのではありません。

「社会的に意味のあることをして生きがいのある人生を送れば、この重苦しい気分が軽くなるはず」と、なんとなく思っているだけです。

このように悩んでいる方の話を聞くと、現状に不満や問題を抱えていて、それを直視できないでいる場合が多いようです。しかもそれは、感情を抜きにして問題を解きほぐせば、即座に打開策が見つかりそうなことです。

たとえば、人間関係が希薄なのであれば、自分から人の中に出かけて行く算段をする。それが苦手なら、身近な人間関係を見直してみる。

人生で不具合を起こしているところを調整すれば、わざわざ「生きがい」を探す必要はないのです。

それでも、生きがいややりがいが必要だと言うのなら、近所を散歩している人たちを見てみてください。

夢や生きがいを糧に生きているように見えますか？

あるいは、誰かの役に立たなければ、生きている価値がないと思っているように見えますか？

テーマを決め、それに賭けて生きてみる

〝自分が大切にしたいもの〟をはっきり決めれば、
それ以外のものは、ただやり過ごせばいいだけです。
そうすると、人生がシンプルになり、
生きやすくなります。

以前、「私の生きがいは妻です」と言い切る中年男性に会いました。一瞬、「この人は、本気で言っているのか!?」と疑いましたが、嘘をついているようにも見えません。

大企業に勤めている彼は、妻が引っ越したくないと言うから転勤の話を断ったことがあるそうです。「そこそこの昇進はしましたが、飛び抜けて出世したわけではありません。転勤の話を断ったのが響いたのかもしれませんね」と男性は笑っており、さほど悔やんでいる様子もありませんでした。

たぶん彼にとっては、妻のために転勤を断るのは当たり前のことであり、幾分かの昇進と奥さんとを比べるまでもなかったのでしょう。

自分が大切にしたいものがはっきりしていて、明確なテーマがあるから、人生の岐路での選択に迷いがない。迷ったとしても、最終的には自分で決められる。こういう人は強いと思います。

あなたが大事にしたいテーマはなんでしょうか。

どんなことでもいいのです。テーマが定まっていれば、人生の選択を迫られたとき、ぶれない指針となります。それは、その人が生きるうえでの精神的な強さ、タフさにつながります。

「でも、その男性のように、自分以外の人間をそこまで大事にするのは相手に対する依存ではないか」という意見もあります。

しかし、たとえ依存であったとしても、それ自体にはなんの問題もありません。

これは、単なる「仲のいい夫婦」の話です。奥さんを大事にすることで生活が混乱したり、誰かが困ったりしているわけではないでしょう。

これが「依存症」となると、その関係に病的な要素が入り、お互いにダメージを与える状態に陥ります。円満な関係であれば、周囲からそのあり方がどう見えようと、まったくかまいません。

もちろん、将来のことは誰にもわかりません。自分の人生で大切だと思っている相手と不仲になったり、死別の時期が訪れたりすることは当然あります。そうすれば、相手が大事だったぶん、落ちこんだり悲嘆にくれたりするでしょう。しかし、それを怖れていては誰とも関係を結べません。そのときどうするかは、その事態が訪れたときに考えればいい話です。

自分が決めたテーマを大事にすればするほど、つまり、「賭け金」が積み重なるほど、「負けたとき」に受ける衝撃も大きくなります。

しかしそれも「折り込み済み」で考えることです。いつかは自分の大切にしたいことや人、テーマは変わるかもしれない、失うかもしれないという前提で考える。その覚悟で、相手とつき合えばいいのです。「テーマを生きる」とは、負けることもあると承知のうえで、自分の決めたことに賭けていくことです。

「自分はこれに賭ける」といったん決めれば、それ以外のものはやり過ごせばいい話です。迷いから解き放たれ、生きやすくなるのは間違いありません。

「生きているのも悪くないな」と思える人生を生きる

自分のためではなく、「人のため」と考える。
やりたいことではなく、「やるべきこと」をする。
そこを目指せば、「生きていてよかったな」と
思える日々が重なっていくはずです。

禅では「日々是好日《にちにちこれこうにち》」と言います。

「どんな一日も、よい日だ」と解釈されやすいですが、本当の意味は違います。

これは、「好日」か「不好日」かには「意味がない」と言っているのです。

毎日が「好日」ですから、「いい日」も「悪い日」もないのは当然でしょう。

要するに、毎日がよい日なら、もはやいいも悪いもないでしょう。


この禅語の前には、こんな言葉があります。

「十五日以前は、即《すなわ》ち問わず。十五日以降は即ち如何《いかん》」

「十五日以前のことは問わないが、十五日以降のことはどうだ？」という意味です。


この「以前」と「以後」を人生の前半と後半と解釈することもできますし、「人間の人生には、価値のあるときとないときがあるか」と問うていると、捉えることもできます。

この問いを発した老師は、弟子の答えを待たず、自ら「日々是好日」と答えました。仏教徒にとっては、前も後もない、いいも悪いもない、ただ修行の日があるだけだ。そう言いたかったのでしょう。

一生をふりかえって、「いい人生」だったか「悪い人生」だったかなどは関係ありません。

死に際して、「まあ、そこそこの人生だったかな」「いいことも悪いこともあったが、とりあえず生きたな」と思えれば十分だと、私は思います。そんな死を迎えるためには、「大切な自分」から降りて他人に自分を〝開く〟こと。損得勘定から離れ、人の縁を結んでいくことです。

大したことのない自分が、死ぬまで生きていかなければならないのは億劫なことです。しかし、生きているからには、その億劫なことをやるしかありません。

そして、自分をなんとか使いこなしていくには、これだと決めた道で、手間と暇をかけるしかないのです。

しかし今、多くの人が「取引」と「競争」の中で生き、疲れ切っているように思います。自分を高め、人に勝って得をし、「役立つ自分」や「すごい自分」でいなければと思い込み、疲弊しているのです。

でもそんな人間には、正体不明の「死」が最初から組み込まれています。そして人生には、死ぬこと以上の大仕事などありません。

そこに思い至ると、今あなたが苦労している取引や競争は、じつは、人間の存在が持つひとつの側面にすぎないとわかるでしょう。

自分を決定づけるのは、他者とのかかわりしかありません。

「自分のため」ではなく「人のため」と考える。

なんでも他人の言いなりになるのではありません。他人と問題を共有して取り組む。それが「やるべきこと」になるのです。

「やりたいこと」ではなく「やるべきこと」をする。

目指すのはそこです。

完璧でなくてもかまいません。また「我慢して、いい人になれ」「自分を犠牲にしろ」などといった話でもありません。

「大切な自分」や「本当の自分」、「夢を叶えて生きる」といった妄想から降りて、他者とのかかわりの中で成立している自分の存在を見極めることが大事です。

そこを目指していけば、「生きているのも悪くないな」「生きていてよかったな」と思える日々が重なっていくはずです。

三章
感情に振りまわされないために

こじれた人間関係は「愛情」や「努力」では変わらない

家族でも職場でも、恋人同士でも、
ほぼすべての人間関係は、
その根底に「利害関係」と「力関係」が働いています。
親しい間柄だからこそ、その視点を持つことが大切です。

あなたは「自分の努力が足りないから、人間関係がうまくいかないのだ」「私が愛情をもって接したら、相手は変わるはず」と思ってはいませんか？

あるいは、人間関係の悩みを相談したら、「相手を変えたければ、まず自分が変わりなさい」と言われたことはありませんか？

しかし、こじれた人間関係は、「愛情」や「努力」でどうにかなるものではありません。努力や愛で相手が変わると考えるのは、新たな苦しみを生むだけです。たとえそれが家族であっても、同じです。

ある50代男性の話をします。「自分ががんばれば」と努力し続けた人の話です。

彼は役所勤めをしながら、90歳間近の父親をひとりで介護していました。

父親には視覚障害と軽い認知症があり、デイサービスや介護サービスは一切拒否し、息子の介護しか受けつけなかったのだそうです。

母親はすでに亡くなっており、ひとりっ子だった彼は孤軍奮闘しました。

しかし、限界はあります。体重が減ってあきらかに顔色も悪くなり、倒れるのではないかと職場で心配されるまでになりました。市の福祉担当者からも「このままでは、あなたが先に死んじゃうよ」と言われたそうです。

それでも彼が、父親の介護をし続けたのには理由があります。

ひとつは、彼が両親の愛情を一身に受けて育ち、恩義を感じていたこと。

もうひとつは、もし父の望みどおりにしなければきっと後悔するだろうと考えていたことです。それで、「お前が親の面倒を見るのは当たり前」と言われれば、従うしかなかったわけです。

極限状態で、彼は私に電話でアドバイスを求めてきました。そうでなければ病気で倒れるか、あるいは、「父親さえいなければ」と考えるようになっていたかもしれません。

「この人さえいなければ」と考えるのは、あってはいけない話です。しかし、介護の場面で、人はそこまで追い詰められます。いびつな関係の中で「自分が我慢すれば」「私さえがんばれば」と考えて、にっちもさっちもいかなくなってしまうのです。

私は、とにかく父親をデイサービスにあずけるようにと言いました。

一日数時間だけでも、彼が父親から解放される時間を確保することが最優先だと考えたのです。

男性は、「父の説得はむずかしいし、悲しませることになる」と抵抗しました。しかし、「あなたが死んでしまったら、お父さんはもっと不幸になるでしょう」と言うと、なんとか納得してくれました。

予想どおり、デイサービスに行くと父親は荒れたそうです。しかしそれでも、事情を話して通わせ続けるようにと私は言いました。「半日」を確保できるかどうかは、男性にとって死活問題だったからです。

——いざとなったら、私が父親を説得しに行くから。

私は彼にそう言いました。この場合はその覚悟がなければ、できない助言でした。

「がんばれば、いつか努力が報われる」

「自分が変わりさえすれば、事態は好転する」

真面目で一生懸命な人ほど、そう思いつめる傾向があるようです。

しかしいくら努力しても、人間関係は報われないことのほうが多い。そう思っておいたほうがいいでしょう。

特に、家族の問題は、思いやりや愛で強引にカタをつけようとすると、袋小路に入ってしまいます。なかでも、その傾向が顕著に表れるのが介護の問題です。

介護では、家族の中で一番力の弱い人にしわ寄せがいきます。さらに、介護期間が長くなると、「介護する側」が「される側」より弱くなる反転現象が起きます。

「愛情を持って接するのが当たり前」といった思い込みが、「介護する側」と「される側」の逆転関係をつくってしまうのです。それは、二者の閉じた関係で固定化されます。こうなると、第三者の視点がないと状況は変わりません。

こじれた人間関係が、自分ひとりの努力や愛情でどうにかなると考えるところから、まず一歩離れてみる。家族であろうが、恋愛相手や友人であろうが、年齢も性別も職業も「情」も関係なく、その人を冷静に見る。そういった訓練をしないと、状況を正しく判断できません。

そこから、その人間関係を自分の力でどうにかできるのか、できないのか。枠組みを変える余地があるのか。それとも、関係を切るのかどうか。冷静に考えていくのです。

このとき大事な視点が、家族から国家まで、どんな集団であっても、人間関係の基本は「政治」だと考えることです。つまり、すべての人間関係の底には「利害関係」と「力関係」が働いていると見とおすのです。

そこをきちんと見なければ、正しい状況把握はできません。

「いや、家族は愛情という絆で結ばれているだろう」と反論する人もいます。

しかし家族間であっても、利害関係と力がからんだ政治であることに変わりはありません。

たとえば、親は子どもに愛情を注いでいるように見えます。

しかし、「これをしたら、愛してあげる」「親の期待どおりなら、ほめてあげる」という「取引」をしているにすぎないケースも少なくありません。また、「子どものため」と言いながら、多くは自分の利益のためだったりするのです。

力の弱い子どもは親に従うしかありませんが、大人になって幼い頃の反動が現れることもあります。

しかし、人間関係を考えるとき、多くの人は「自分」の枠の中だけで考えます。そして「記憶」と格闘しています。もし、その記憶で他者との関係が正確に捉えられていれば、問題を考える材料にはなるでしょう。

でも、そこに自分の感情や自分の視点しかなく、「なぜ自分はうまくいかないんだろう」と自問自答しているだけなら、意味はありません。閉じてしまった自分の中で、他者との関係を無視しながら解決策を探しても、見つかるわけがないのです。

あるいは、ひとりよがりな解決策しか出てこないでしょう。

この章では、記憶との格闘をやめ、自分の問題を正確に見る具体的な方法をお話ししていきます。その多くが、感情を扱うためのテクニックや考え方です。なぜなら、事態の認識に失敗する原因の多くは、感情との距離のとり方にあるからです。

感情が揺れてもかまわない

人間に喜怒哀楽があるのは、当然です。
動揺したり、怒りがこみ上げたりしても、
しなやかに揺れて、またスッと元に戻る
「不動心」を目指しましょう。

人は、「他人の海」で生きなければならないのですから、ストレスや葛藤がないわけがありません。感情に左右されないほうがいいと思っている人は多いかもしれませんが、感情が揺れたり乱れたりするのは当然です。

大事なのは、その波に巻き込まれたり、流されたりしないようにすることです。

つまり、感情が「心」という器からこぼれさえしなければいいのです。


「不動心」という言葉があります。

これは私に言わせれば、何があっても岩のように動かない心のことでも、まったく波立たない水面のように静かな心のことでもありません。生きているうちは、そんな心を持つのは無理な話です。喜怒哀楽がなければ、死んでいるのと同じですから。

私が考える不動心とは、揺れてもいいがこぼれない心のこと。ヤジロベエのようにゆらゆら動いたとしても、軸は一点に定まっている心のことです。

ヤジロベエはどんなに大きく揺れても、決して台から落ちません。見事なものです。

不測の事態に動揺したり、理不尽な目に遭って怒りがこみ上げたりしても、しなやかに揺れて、またスッと元に戻る。

言い換えればそれは、平均台の上をバランスをとりながら歩くような感覚に近いかもしれません。自分が決めた道から外れなければいいのですから、その間なら、揺れてもまったくかまわないわけです。

なぜ人が、感情に翻弄されるかといえば、根本的に物事の認識を誤っているからです。

感情の問題の十中八九は、ものの考え方と見方の問題です。

事態を正しく認識していれば、いったん感情が乱れてもそれに翻弄されることはありません。

感情の波に飲み込まれているときは、自分の中の何かが判断を誤らせています。認識を誤らせるのは、自分の立場やプライドを守りたいという気持ちかもしれません。あるいは、ひとつの観念に執着しているからかもしれません。

それをあらわにするには、いったんテクニカルに感情を止めればいいのです。

もちろん私も、感情が揺らぐときはあります。

ただ、その感情に大きく流されることはありません。「感情の揺れ幅」を、ある程度に収める技術を身につけているからです。

感情の流れをいったん遮断するテクニックを知っていれば、ヤジロベエのように揺れても戻る不動心を培うことが可能なのです。

感情の波からいったん降りる技術を身につける

頭で渦巻く感情や思考は、
意志の力で止められるものではありません。
自分をクールダウンさせるために、体のほうから
感情をコントロールするテクニックが有効です。

ときには感情が揺らぎ、大きく波立ったとしても、その流れをいったん自分で切ることができる。私が身をもってそう知ったのは、永平寺の役寮時代でした。曹洞宗の総本山である永平寺は、おおぜいの僧侶が所属する巨大組織です。僧侶の集団といえど、役職が決められ序列がはっきりしています。その意味では、一般の大企業と同じです。

部下は動かないし、上司は話が通じません。日々イライラすることもあれば、ときには、怒りが収まらないことも起こります。

しかし、われわれ禅僧には坐禅があります。

日課の坐禅によって感情や思考がいったん遮断されると、自然に意識がクールダウンし、状況を新しい視点で捉え直すことができます。

「部下が失敗したのは、自分の指示が悪かったのかもしれない」

「そもそも初めから、失敗しても仕方がないと思ってまかせたのではないか」

どんなに腹が立っていても、坐禅後はそう思い直し、自分がどう動けばいいのか、次の展開が見えることがよくありました。

思考や感情の波に巻き込まれたまま、物事を考えても意味はありません。感情の流れを切ることが、習慣として身につけられるかどうか。「不動心」を育《はぐく》むためには、これが外せません。

しかし、頭で渦巻いている感情や思考は、自分の意志で止めようと思って止まるものではありません。感情や思考の動きを沈静化させ、意識の方向を切り換えるためには、体のほうから感情をコントロールするテクニックが必要なのです。

僧侶としては、まず坐禅をおすすめします。

一定の指導と訓練が必要ですから、興味があれば坐禅指導をする寺院に足を運んでみるといいでしょう。

ただ、日常生活の中で思考や感情をいったん遮断して、クールダウンする気軽なやり方もあります。感情からいったん降りて、「平場《ひらば》」に戻す方法です。

たとえば、散歩する、昔の愛読書を読む、お茶をじっくり味わう。

食事をひとりで味わって食べる、肌の感覚に意識を向けながらお風呂に入る。

そういったことを行うと、思考や感情の揺れが静まります。

心がざわざわするときは、昔のアルバムを見ると話す女性もいました。

意外かもしれませんが、草むしりや雪かきなどの単純労働も役立ちます。単調な肉体労働を繰り返すと感情の起伏が収まり、クールダウンしやすいのです

ある人が「お寺にお参りすると心が落ち着くので、感情をリセットできる気がします」と言いました。

確かに、寺社参りはもともと日常から離脱するという側面を持っていました。

しかし、「パワー」や「御利益」をもらい、「癒やされ」に行く参拝であれば、要

するに「取引」です。何か「いいこと」を当てこんでする行為では、クールダウンにはなりません。

クールダウンは、「気分転換」や「リフレッシュ」とは違います。考える前の助走のようなもの。いったん場をならして、次の試合のためのグラウンド整備をするようなものです。

ですから、新たな刺激がなく、日常的にできることにかぎります。温泉や旅行に出かけるとリセットできそうですが、非日常の刺激はこの場合不向きです。

また、ワクワクしたり興奮したりすることもおすすめできません。昔の愛読書といっても、胸躍るような冒険小説やファンタジーではダメです。淡々と読める短編集や絵本がいいでしょう。

散歩や入浴、お茶や食事などでクールダウンするときは、五感に集中することが大切です。

今挙げたものにかぎらず、最終的に自分に合った方法を探せばいいのですが、押さえておくべき点が２つあります。

物理的にひとりになること。

そして、あまり動かずにできることです。

この技術はふだんから準備していないと、イザというときに使えません。また、しばらくやらないと必ず錆びつきます。習慣として、日常の中に組み込んでおくといいでしょう。

坐禅同様、これも技術として身につけていくためには、一定の訓練が要ります。

しかし、試してみる価値、自分のものにする価値はあるはずです。

すぐに「答え」を出そうとしない

自分の問題を「他人にわかる言葉」にしてみると、
解決の糸口が見えてきます。
主語と述語を明確にして、
自分の置かれた状況や問題点を整理してみましょう。

困難やつらい状況の中で、漠然と「困ったな」「これはまずいな」と言っているだけでは、何も解決しません。「なんとなくモヤモヤする」「なんだかスッキリしない」とぼやいているだけでは、事態はますますこじれていきます。

困った状況の根本には何があるのかを見て、「なんなのだろう?」「どうしたんだろう?」と自分を困惑させる「問い」を、アプローチ可能な「問題」に組み立てることができるかどうか。

状況を打開できるか否かはそこにかかっています。

「悩みを解決したくてずっと自問自答してきたのですが、答えが見えなくて」と言う方がいますが、それは当たり前です。頭の中で考えるだけでは、「問題」に仕上がっていません。感情がグルグル回転しているだけです。

だから、一度そのサイクルを止めて、「問題」として言語化する必要があるのです。

逆に言えば、言葉にするということは、感情を止めることに他なりません。

なぜ状況を言語化できないのか。それは、自分自身の問題について考える作業をやってきていないからです。

言語化する際には、まず「主語」と「述語」をはっきりさせなければいけません。主語と述語の明確な言葉で、自分の置かれた状況や感情、問題点を書き出す。あるいは、人に話すのです。すると、問題の枠組みができていきます。

この作業は、問題を「見つめること」や「整理すること」とは違います。

他人にわかる具体的な言葉にしていくことです。

誰と誰がからんで、何が起きていて、今どんな感情が自分の中にあるのか。

それを、言語化していきます。

このとき初めて、その問題が自分の手に負えることなのか、他人の介入が必要なのか。あるいは、やり過ごせばいいのか、立ち向かうべきなのか。アプローチの方法が見えてきます。

それが「問題」に組み立てることなのです。

自分の考えていることが正しいのか、間違っているのかを考える前に「他人に通じる話」にしなければ、どうアプローチすればいいかは見えてきません。

そしてそれは、自分自身で言葉にすることでしかできないのです。

ただし言語化の前に、感情をクールダウンする作業は必須です。

感情が激しく揺れたり、激昂したりするのは、思い込みや偏見があるからです。

まずは、思い込みがあるから反応しているだけだと気づく。そして、感情をすべて止めて「平場」にして、思い込みと偏見を止める。

「問い」を「問題」に組み立てるプロセスは、ここから始まります。

思いをまるごと止めてグラウンドを整備し、フラットな状態にすれば問題が見えてきます。自分がとらわれている感情が、憎悪なのか嫉妬なのか怒りなのか悲しみか、そして、そこにどんな問題があるのかが浮かび上がります。そうしたら、しめたものです。

建物を建てることに夢中になっていたら、全体像は見えません。

しかし、いったん建物から離れて、フラットな場で眺めてみれば、どんな建物かがわかります。建物の形は、その中から出て、水平な場所から離れて見ない限り、正確に把握することができないわけです。

たとえば、感情が荒れているとき、それが憎悪か嫉妬か区別がつけられたら、その時点で、すでに「大正解」。ことの八割は片づきます。それに対して、どうすればいいかという分析や判断は、後からで十分です。

自分で言葉にすることがむずかしいのなら、「末期《まつご》の眼」を持って問題を見られる人を「鏡」として借りるのもいいでしょう。

末期の眼とは、死を前にして欲得を離れた者の眼のことです。

感情に翻弄されているときこそ、「末期の眼」でものを見ることが重要です。

それができれば、「自分が、自分が」と言って生きることが、いかにばかばかしいことかわかります。その眼を持つ人が、自分の話を持ち出す相手として大事なのです。

助言を受けるときに一番大事なのは、解決策を教えてもらうことではありません。自分の問題が明らかになることです。

問題が明らかになれば、相手から答えを提示されるまでもなく、アプローチの方法は自分で見出せるでしょう。

だから、「結論」や「答え」を得ようと焦らず、まず自分の問題を自分の言葉で明らかにして、人前に持ち出せるようになることを目指すのです。

たとえば、ある人に相談したとして、その鏡が曇っていると感じても無駄にはなりません。いったん人に話したことで、問題を言語化できます。その問題を、さらに別の鏡に映し出してみることはできます。


もし相手が言うことに腹が立ったとしてもいいのです。相手に反論する理屈を考えるだけでも、前に進めるでしょう。

ただし、「頭にくる」で終わらせたら対話は無駄になります。

なぜ、自分が頭にきたのか。

どうやったら反論できるのか。

そこまで考えられれば、いつか必ず「答え」を自分なりに見つけられるはずです。

自分を映す鏡は、「化粧前の顔」がはっきりと見えることが大事です。

映し出された顔を見て、どうすれば肌のくすみやシワをごまかせるのか、あるいはごまかしきれないのか。

ちがう化粧品を使わなければならないのか、それとも今のままでいいのか。

自分自身で決めるには、相手という「鏡」に映し出された自分の「素の顔」をじっくり見るしかありません。

怒りは、何も解決しない

怒りが湧くのは、
「自分が正しい」と信じているからです。
怒りに翻弄されたくなかったら、
自分が正しいと信じていることが、
本当にそうなのかどうか、冷静に考えてみてください。

ある老師が、以前こんなことを言いました。

「直哉、俺も90歳を過ぎて、だいたいのことは解脱《げだつ》したと思っていた。もう、うまいものを食べたいとも思わないし、女に惚れることもない。だけどな、怒るのだけはダメだった。この歳になっても頭にくるんだよ。怒りからは解脱できない。仏の道は遠いな」

念のために言うと、老師が「頭にくる」のは、個人的なことではありません。

この老師は、寺で戦災孤児の救済活動をするなど、ボランティアの草分けのような活動を続けた人です。

彼の怒りは、社会的な問題や悲惨な状況にある人たちに対して、世間があまりにも無関心だということに向けられたものです。老師にとってこの怒りは重要な意味があり、また、これまでの活動を支える大事なエネルギーにもなってきたのでしょう。

そんな「怒り」であれば、捨てる必要はないと私は思います。その感情が激したときに、その枠の中でこぼれないようにすればいいだけの話です。

しかし一般的に見れば、怒りが手こずる感情のひとつであるのは間違いありません。なにしろ、90歳の禅僧まで、捨てられないと言ったのですから。

「もう怒らないと決めたのに、小さなことで部下を怒鳴ってしまうのです」

「子どもが言うことを聞かないので、怒りが溜まっていつもイライラしています」

こんな悩みをよく聞きます。

ついカッとなってしまうのは、「怒ればなんとかなる」といった妙な思い込みがあるからです。冷静になれば、いくら怒鳴っても相手は萎縮するか反発するだけだとわかるでしょう。

怒る行為に効用があるとしたら、ただひとつ。

「問題がここにある」と過激に指摘することだけです。

しかし、怒りにまかせて問題を指摘したところで、相手は決して納得しません。

また、問題が解決することもありません。


もし、誰かがあなたに怒りをぶつけてきたときは、「この人はなんの問題を指摘しているのだろう」と考えれば、それで十分です。

たとえば、上司が「結論から言え！」と部下を叱ったとします。

それは、「報告がまわりくどい」と問題を指摘しただけです。だから、叱られたほうは、次からは、端的に現状報告すればいいわけです。

短気な上司がどんなに激昂しても、「この人は、怒れば問題が解決すると思っているのだな」と、指摘された問題だけ捉えて、余計な怒りは受け流せばいいのです。

そもそも人が怒るのは、「自分が正しい」と信じているからです。

しかし、その「正しいこと」すらあいまいなものであって、変化するものです。それがわかっていれば、一時的にムッとすることがあっても、さほど激しい怒りにはならないはずです。

「自分の言っていることはどんな場合も正しい」と思い込むのは、仏教からもっとも遠い感情です。だから、「怒る」行為をとても嫌います。苦しみを生み、悟りを妨げる三つの毒「三毒《さんどく》」（貪《とん》、瞋《じん》、痴《ち》＝貪《むさぼ》り、怒り、愚かさ）のひとつに数えられるほどです。

「あっ、また怒ってしまった」と思った時点で、もう一度本当に自分が正しいのか、再検討する余地があると考えてください。

およそ物事は、ある一定の条件でしか成立していません。

怒りに翻弄されたくなかったら、この考え方を頭にたたき込んでいたほうがいいでしょう。

ちなみに、当座の怒りを鎮めるには、怒りの相手から物理的に離れることをお勧めします。また、立っているのではなく、床に直接座ってしまうことが効果的です（椅子よりはるかに効果的）。

苦しい嫉妬は、錯覚が生んだ感情にすぎない

嫉妬が生まれるのは、
自分が本来持つはずだったものを
人が不当に持っていると感じたとき。
嫉妬の呪縛から解放されるヒントがあります。

怒りと同じく、嫉妬にも人間は煩《わずら》わされるものです。

憧れや羨望なら、「あんなふうになりたい。なれればいいのにな」で終わります。

一方、嫉妬が生まれるのは、「本来、自分が持つはずだったものを人が持っている」と勘違いしたときです。本当は、自分がそうなるべきだった状況を他人に奪われた。そう錯覚するから激するのです。

嫉妬の根っこにあるのは所有欲であり、「自分のもののはずなのに、不当にも奪われている」感覚です。

たとえば、ほとんどのサラリーマンは、スティーブ・ジョブズや孫正義には嫉妬しないでしょう。また、いくら野球が好きでも、イチローには嫉妬する人はいないはずです。普通の人間は彼らと同じ土俵にいないので、憧れはあったとしても嫉妬にはなりません。

交際相手が「自分に向けるべき愛情」を人に向けていると思うから、また競争相手が「自分が得るはずだったポスト」に先についたから、嫉妬するわけです。もし出世競争で負けても、相手を真のライバルだと思っていたら、そこには尊敬があるので嫉妬の対象にはなりません。自分もさらに精進しようと思うだけです。

嫉妬は、感情の中でもっともプラスの作用を生まないものです。憧れや羨望は「自分もあの人のようになりたい」となり、能動的な行動につながる場合があります。

しかし嫉妬は、「不当にも奪われている」という感覚で止まってしまい、能動的な行動になりません。ある意味、憎悪より性質《たち》が悪いと言えるでしょう。憎悪は人を行動に駆り立てるモチベーションになり、場合によってはいい結果をもたらすかもしれませんが、嫉妬は人を疲弊させるだけです。そこからリアクションしても、プラス効果はまったく期待できません。

嫉妬に呑み込まれているときには、そこに「勘違いした所有欲」があると気づく必要があります。そうしないと、嫉妬から解放されることはありません。

誰かに嫉妬したときは、その状況が本当に不当なのかと考えてみてください。たいていの場合は、実力どおりのことが起きているだけです。

「そのポストには自分がふさわしい」と考えていたかもしれないが、人事課はそうではなかった。「彼女は自分を好きになるべきだ」と思っていたかもしれないが、彼女自身は別の相手のほうがよかった。

本人は不当だと思っていても、冷静に見てみれば不当でもない。自分の認識自体に錯覚があっただけ。

嫉妬から解放されるには、それが理解できるかどうかです。そこに気づけば、嫉妬は無駄な感情だと一発でわかります。これが嫉妬の呪縛から逃れる第一歩です。

怒りで頭の中がいっぱいになったら、ルーチンな作業をする

怒りで心がどんなに波だっても、
頭と体を切り離し、
いつもどおりの振る舞いを続ければ、
荒れ狂った感情は、いつか枯れていきます。

怒りや嫉妬が収まらないとき、無理に抑えようとするのは逆効果です。

頭の中に嫉妬心や怒りが渦巻くときは、「首から上」と「首から下」を切り離すイメージをしてみてください。


首から上、つまり「頭」は、感情の嵐が荒れるにまかせます。

しかし首から下の「体」は、淡々と日常生活を送るのです。


怒りで頭の中がいっぱいだったとしても、朝いつもの時間に起きて支度し、普通に食事をして、昨日と同じように仕事に出かける。あるいは、家事をする。体はいつもどおりの振る舞いを続けます。

いったん波立った感情はしつこく居すわるので、こちらも粘り強さが必要です。しばらく意識して、行動し続けなければなりません。しかし、そうしていると決定的な事態になる前に、嵐のようだった感情は枯れていきます。

実際にやっていただければわかりますが、これは非常に有効な手段です。

この方法を「発見」したのも永平寺時代でした。

永平寺にいれば、どんなに感情が揺れても朝3時から夜9時まで、日課がびっしり決まっています。坐禅、読経、作務《さむ》（掃除や料理などの労働）、会議、事務仕事など、起きてから寝るまで、予定に従って速やかに進めなければなりません。

上司や部下の振る舞いにイライラしていても、決められたことをやり続けるうちに、平常心が戻ってきます。

そして、問題を「平場」に出して見られるようになるのです。

人は頭で変わろうと考えて、変われるものではありません。

もし変わるとすれば、生活パターンや行動パターンが変わったときです。

自分の意志力や自制心だけで怒りをコントロールしようとすると失敗しますが、頭と体を切り離して日常生活を普通に送れば、見た目はふだんどおりに過ごせます。

「普通の生活」には「人に当たること」も「感情を爆発させること」も入っていませんから。

そうやって怒りをやり過ごしてみれば、頭の中で激しく渦巻いていた感情が、じつはさほど大したことではないとわかるでしょう。


試しに、腹が立っているときや不満がつのるとき、自分の思っていることをひとりで口に出してみるか、紙に書き出してみてください。

長らく頭の中を支配していた感情なのに、意外にすぐ書き終わることに驚くはずです。そして、フラットな状態でその言葉を見てください。いかに自分がどうでもいいことを思っているかがよくわかるはずです。

人脈も友だちも、要らない

本来、人が生きていくのに必要な人間関係は
ごく限られています。
多過ぎる友だちは新たな悩みやストレスを生み、
心を疲れさせるだけです。

「誰も私のことをわかってくれない」

「あの人のことは、どうしても理解できない」


こう悩む方がいます。しかし、人が理解し合えないのは当たり前です。

まず、自分をわかって欲しいと思わないことです。

自分だって自分のことをよくわかっていないのに、他人にわかるわけがありません。自分以外の人間には絶対になれない以上、他人のことは決して全部わからないのです。

もし、相手のことをわかったと思うのなら、あるいは、自分を理解してもらえたと感じるのなら、それはしょせん誤解にすぎません。

「理解」という言葉の意味を正確に言うと、「合意された誤解」です。

もし、お互いに理解し合えたと思うのであれば、それは、「誤解で合意した」だけ。実のところは、それぞれ自分の都合で解釈し合っているにすぎません。

それでも、友だちが多いほうが毎日楽しいし、人脈も広いほうがいいと考えるのなら、もちろんその人生を楽しめばいいでしょう。しかし、もし人間関係に煩わしさを感じているのなら、人脈は言うに及ばず、友だちも必要ありません。むしろ、友だちなどつくろうとしないほうがいいのです。


考えてみてください。自分にとって、本当に大事な人間、大切にしたい人間はどのくらいいるでしょう。せいぜい10人程度。多くて20人くらいではないでしょうか。

「いや、今の自分には友だちもたくさんいるし、仕事の人間関係もある」と思うかもしれません。しかし、自分の状況が変われば人間関係は一変します。

そう考えると、自分の生き方やあり方を決定づける人間関係は、そう多くはありません。本来、人が生きていくのに必要な人間関係はごく限られているのです。

暴論だと思われるかもしれませんが、友だちは要らないと私が言うのには理由があります。

友人をつくると、人はどうしても相手と良好な関係を維持しようと努力します。また、「自分をわかってもらいたい」「相手のためになることをして感謝されたい」「相手に認めてもらいたい」と思います。それは、ひとつの欲にすぎません。思惑どおりに受け取ってもらえればまだいいでしょう。しかし、いつもそうなるとは限りません。コミュニケーションの行き違いは、新たな悩みやストレスになります。

特に、多過ぎる友だちは心を疲弊させ、精神的な健康を害します。それだけ多くの人間関係を維持しなければならないからです。

ましてや、フェイスブックなどのSNS（ソーシャルネットワーキングサービス）でつながるだけの関係など、一切なくて大丈夫です。そもそも人間関係でみんな疲れているのに、なぜそんなに友だちを増やしたいのか。私には不思議で仕方ありません。

友だちをつくろうとしなくても、自分自身のやるべきだと思うことをやっていて、それが本当にやるべきことであれば、必ず人が集まってきます。

また、同じようなテーマを持つ人間がそれを嗅ぎ分け、その相手との人間関係が自然にできていきます。

そんな相手とは、たとえ年に一度しか会わなくても、会えば深く通じ合うものがあります。

折に触れ、相手が何をしているのか気になり、風の噂を聞いただけで何を考えているのかがすぐわかる。そんな関係です。

そんな相手が私にも何人かいますが、その人間がいなくなれば、親を亡くすよりこたえるでしょう。

自分が大切にしたいものが決まれば、後は簡単。自分にとってどうしても必要な人間関係を調整していくことを考えればいいだけです。

「本当の気持ち」を話せるだけで、人は救われる

自分の状況を誰かに聞いてもらうと、
視野がスッと広がることがあります。
そんな話をできる相手が、
「心の生命線」になることもあるのです。

お互いの「理解」は合意された「誤解」だとはいえ、人は、誰かに話を聞いてもらうだけで救われることがあります。

それを教えてくれたのは、永平寺時代の忘れがたい体験です。

ある夏の日、午後5時頃のことでした。

「ずぶ濡れで門前に座っている人がいるから見てきて欲しい」と言われて行ってみると、確かに若い男性がびっしょり濡れた姿で座っていました。

事情を聞くと、死ぬつもりで永平寺の前にある川に飛び込んだが、死にきれなかったと言います。

川といっても、膝上ほどの深さしかない小川です。人騒がせだと思いましたが、放っておくわけにもいきません。部屋に上げて私の作務衣を着せ、話を聞くことにしました。

男性は、中学生の頃から32歳となった今まで、ずっと引きこもってきたとのこと。臨床心理士や精神科医のもとには通っていましたが問題は解決せず、もう死ぬしかないと思い詰め、「なんとなく」永平寺まで来たと言います。

引きこもった原因を尋ねると、小学校4、5年生のとき、猛烈ないじめに遭ったことだと言いました。よくある話ですが、本人にとっては重大な話です。

まずは話を聞くしかないだろうと、好きなように話をしてもらいました。

しかし、いざ話が始まって驚きました。

いじめられたのは20年以上も前の話ですが、彼の時間は小学生の時点で止まっていたのです。記憶は鮮明で、一日どころか1時間単位で、彼は当時の出来事を語り出しました。

当初私は、2時間もあれば話は終わるだろうと見積もっていました。

しかし、2時間を過ぎた時点で、まだいじめが始まって2日目の出来事が終わりません。これは長丁場になると思いました。

午後10時になり、もう彼の気が済むまで話を聞くしかないと覚悟しました。

永平寺では、午後9時に全館消灯です。遅くとも10時までには就寝していなければなりません。上司に理由を話して許可をもらい、話を聞き続けました。

やがて夜が明け、朝の坐禅とお勤め（読経）が始まりました。

事情を察した仲間の僧侶がお茶を運んでくれましたが、それまでトイレにも行かず、お茶も食べ物も口にせず彼はせつせつと話し、私は聞き続けました。


朝になると、さすがに彼も疲れてきたようです。

「もう話すことはないの？」と尋ねると、しばらく「うーん」と悩んで「もうないです」と言いました。時計は、午前5時を指していました。

私が「この話、誰かにしたことあるの？」と聞くと、「初めてです」と言います。

彼が通っていた医療機関では、診療は1時間と決まっていて、次の診療では、また最初から話をしなければならなかったのだそうです。

驚くべきことに、彼の胸の内をとことん聞いてくれる人間は、子ども時代から今まで、誰ひとりいなかったのです。

私は言いました。

「君の話はわかった。とにかく今日は帰りなさい。死ぬことはいつでもできるから。とにかく帰って、それでも死にたいと思ったときは、僕に連絡しなさいよ。こう言ってはなんだけど、僕は君に12時間つき合ったのだから、それくらいの義理はあると思うよ」

「わかりました」と言う彼に、「これだけは約束だよ。死ぬ前に必ず来てね」と声をかけ、見送りました。

1カ月ほどして、男性から手紙が届きました。

「あのときは、ありがとうございました。今、僕と同じようなイジメで不登校になった子を支えるボランティア活動に参加しています」と書いてありました。
「ああ、これで彼はなんとかやっていけるだろう」と安堵しました。

たった一度、自分にとって最大のトラウマを誰かにじっくり聞いてもらうだけで、人は一歩を踏み出せる。そういうことがあります。

話を聞く側としては、相手に伴走するつもりで、求められる限りはつき合う覚悟が必要です。私が常にその覚悟で相談者と話すと決めているのは、このような体験があったからです。

ふだんから、自分の状況を言葉にして誰かに聞いてもらうと、視野がスッと広がる場合があります。漠然とした悩みや不安を、人にわかる言葉にすることで、自動的に頭が整理できるからです。

そんな話をできる相手が、生きるうえでの生命線になることもあるのです。

家族にも
日々のいたわりや心遣いを示す

家庭にストレスがあると、
決定的な問題となっていきます。
植物に水をやり、肥料をやって育てるように、
家族にも、日々の挨拶や声かけが必要です。

人の縁は、手をかけ、時間をかけなければ育ちません。

他人に対してなら、誰もがそれなりに手間暇かけます。

しかし、家族はそうはいきません。「家族なんだから、言わなくてもわかるだろう」。ついそう思ってしまいます。

もしそう言うのであれば、少なくとも相手が「自分はいたわられている」と思えるような態度を、言葉以外ではとっていなければなりません。そうでなければ、ただの怠慢です。

水をやり、肥料をやって、手をかけないと美しい花は咲きません。

同じように、家族にも、日々のいたわりや心遣いが必要なのです。

いたわりの心を示すには、家族にお礼や挨拶をきちんとすることが基本。特別なことは不要です。「おはよう」「おやすみ」と挨拶する。食事をつくってもらったら「ありがとう」「ごちそうさま。おいしかった」とお礼を言う。当たり前のことです。

私にとって、それは子どもの頃から「普通のこと」でした。ふだんから、父が母に対してそのように言葉をかけていたからです。

ところが結婚後、驚きました。妻の友人たちによると、世間の夫はそうではないと言うのです。「他の男たちは、食事をつくってもらえるのが当たり前だと思っているのか！」と、衝撃を受けたものです。

「ありがとう」とほんのひと言声をかけるのに、「元手」は要りません。それで家庭がうまくいくなら、いくらでも言えばいいのです。

しかしそんな私も、結婚当初は戸惑いました。この程度で怒るのかと思うようなことで、妻に怒りや苛立ちをぶつけられ「これは大変だ」とあわてたものです。しかも、2時間もするとその怒りは消え、「夕飯、何にする？」とケロッとして聞いてきます。新婚の頃は「あれほど怒っていたのに、二重人格なのかな」と不思議に思いました。

あるとき、妻が特別なのかと先輩に聞いてみたところ、「うちも同じだよ。嫁さんがものすごく怒ってても、2時間も経てば忘れてるよ」と言います。

「ああ、夫婦はどこも同じか」とそのとき気づきました。

先輩は言いました。

「とにかく黙って聞いていろ。嵐は過ぎる。永遠の嵐はない。後は、ふだんから『ありがとう』と言っておけば大丈夫だ」と言うので、本当かと確認すると「俺の40年が証明している」と胸を張りました。

だから今も、妻に小言を言われたときは「はい」と大人しくうなずいています。

永平寺では「ダース・ベイダー」とあだなをつけられたほど怖がられた私が、なぜ家庭では叱られる身なのかと、思わなくもありません。

しかし、それで家庭がうまくいくのならなんの問題もありません。

訓練すれば、たとえ一時的にムッときても、その感情を丸めてポンと放り出してしまえます。

なぜ私がそうできるかというと、「自分とは何か」「死とは何か」という自分のテーマを外さないと決めているからです。


もちろん家族は大事です。しかしテーマを狙うこと以外は、どううまく折り合いをつけていくかだけの話です。くだんの先輩も、自分自身の仏教というテーマがあるから、家庭で起きる「嵐」を40年間やり過ごしてきたのです。

言うまでもありませんが、夫婦ゲンカで相手に言い返すのは、愚策中の愚策です。火に油を注ぐ結果になることは、少し考えればすぐわかるでしょう。そして、夫婦ゲンカを早く収めたいと思うなら、男が黙ることです。

理由のひとつは、男性の理屈は往々にして一本調子で単純なうえに過去の記憶があいまいなので、女性の細かい記憶を動員する多彩な理屈に勝てるわけがないからです。女性にストレスがあると家庭が壊れる可能性が高くなります。

またもうひとつは、家庭ではあきらかに、女性のほうに負担がかかっている場合が多いからです。

男は概して、現状を正しく把握していませんが、無給の家事や子育てと有給の職場仕事を比べたら、ひょっとすると労働の量や大変さは家事・子育てが勝るかもしれません。このとき、それらが女性にかたより、価値が正当に評価されず、さらに夫婦共働きとでもなれば、女性のストレスは男性の比ではありません。

この状況を変えないまま、女性が言いたいことを言えず我慢する構図があると、その関係は破綻する確率が高まります。事情によって家事・子育ての分担ができないならば、男性(というより、それをしないほう)が黙って譲れるだけ譲るしかありません。

家庭にストレスがあると、その人にとって決定的な問題になっていきます。

表面上は元気に過ごしているように見えても、内面で深い問題が進行することになります。そして問題が表面化したときに手を打とうとしても、遅いのです。

家族関係に手間をかけるとは、手を抜かずコミュニケーションを取っていくということです。

毎日、水や肥料をやって花を育てるように、日頃から手間をかけて家族という関係も丁寧に育てていく必要がある。繰り返しますが、このことは肝に銘じておいたほうがいいでしょう。

コミュニケーションは、訓練しなければ上達しません。しかし、自分を変えようと思うとつらくなります。

まずは、日頃の挨拶をおろそかにしない。「ありがとう」「ごめんなさい」をきちんと言う。それで十分です。

そのうえで、相手に何かをして欲しいと思ったら、まず自分がそのようにすること。そして、必要に応じて相手をほめたり、提案したり、諭したりしてみることです。

それでも、調整がうまくいかないのであれば、やり過ごすことを考えればいい。

やり過ごせないほどの負荷を感じるのであれば、家族であっても距離を置くという選択もあります。

自分が何を、誰を、大事にしたいのか。

それがわかっていれば、対処法はおのずと見えてくるはずです。

自分が抱えている問題を話せる「淡い関係」の人をつくる

心の内側を素直に話せる人を見つけましょう。

自分の姿を照らし出せる「鏡」のような相手と話すことで、問題が浮き彫りになり、解決への第一歩を踏み出せます。

問題を解決するために自力で視界が開けないときは、誰かの力を借りればいいと私は思います。自分の問題を言語化できる相手、心の内側をストレートに話せる相手を、ふだんから確保しておくことは心の健康を保つためにも必要です。

ただし、友人や家族など、身近すぎる人間は適任ではありません。「そうだよね。大変だよね」という共感だけで、話が堂々巡りで終わってしまう可能性があります。また、近しい関係の人間は利害関係がからむので、フラットな視点で話を聞いてくれるとは限りません。

気心は許せるけれど、日常的に会うわけではない。なんとなくウマが合って適度な距離感があり、信頼できる関係。

私はそれを「淡い関係」の人と呼んでいます。

ひんぱんに会う関係ではなくても、親身になって聞いてくれる人、相手の立場を尊重して受け止めてくれる人。自分の意見を押しつけない人を選ぶことが大事です。

学生時代に信頼できた教師や部活のコーチ、昔からお互いにシンパシーを感じている親戚、前の職場にいた信頼できる上司や先輩など、できれば年上の人がいいでしょう。見渡してみると、きっと思い当たる人がいるはずです。

年齢を重ねて、仕事上の責任が大きくなったり家庭を持ったりすると、大きな悩みを抱えることがあります。淡い関係の人は、自分が元気なときに探しておくほうがいいでしょう。

しかし普通の人間であれば、他人のつらい話や暗い話はうっとうしいと感じるものです。それも問題が起きてから突然連絡をとると、当然ながら警戒されます。

年賀状や、たまの近況報告メールなどで、相手に忘れられないようにしておくこと。できれば、小さなことを時々相談しておくのがベストかもしれません。

心の内側を話すには、お互いに信頼し合えていることが前提です。淡い関係は、長い年月の積み重ねがないと生まれません。

優れた聞き手は、ただ黙っているだけではありません。相手の思考を刺激する言葉を持っています。その人に話すことによって、自分の姿を照らし出せる鏡のような相手が、よい聞き手です。

私も人の話を聞くときは、相手が自分の状況を把握し、問題を浮き彫りにできるような質問をすることを意識しています。

ただし、信頼できる相談相手ではあっても、しょせん他人だと思っておくことです。過剰な期待をせず、話ができてよかったなと思う程度の気持ちで会うほうがお互いに負担がありません。

話をしていて、自分に何が起きているのかがもし見えてきたら、問題の答えを見出すための第一の成果が出たと思えばいいのです。

そして万が一、対話の中で答えが出たら、それはしめたものです。しかしその答えも、自分で試してみなければわからないということは、覚えておいてください。

「名医」を探すつもりで、心の問題を話せる僧侶を探す

僧侶は、世間とは別のものの見方をする訓練をしています。

「お坊さん」の生き方や言葉に触れることは、今の自分にはない視点を得る手がかりになるでしょう。

「淡い関係」をつくる際に、ぜひ僧侶も対象に入れていただきたいと私は思います。信頼に足ると思える人はすぐには見つからないでしょうし、また見つかったとしても、信頼関係をつくるのは時間と手間がかかるのも事実です。

しかし、万が一ガンになったら、誰でも必死で名医を探すでしょう。それと同じことです。切羽詰まった問題を解決できるのか、あるいは解決できないまでも、やり過ごす方法を見つけて今よりラクに生きるのか。

人生の一大事であれば、自ら縁を探していくしかありません。

私なりに考える「信頼できる僧侶」は、次のような人です。

まず、質問を嫌がらない人。質問をさえぎって、自説を押しつけない人。

2つめは、なんでも「わかる」と言わない人。

3つめは、お金の話をしない人。

4つめは、自慢話をしない人。

特に、2つめは重要です。

なんでもわかると言う人は、相手に考える余地を与えません。そういう人は「自分についてこい」と言いたいのです。

また、「悟り」や「真理」、「宇宙と一体となる」「ありのままを生きる」など、耳あたりはいいが、意味のわからない言葉を使う人は避けたほうが賢明です。

そんな人たちは、自分がわからないことを隠すために、抽象的な概念を持ち出しているだけです。

「わかる」とは、自分が納得できたということです。

「ここまではわかるが、ここから先はわからない」と言える人と出会ったら、その人は、少なくとも自分自身の体験から語っています。信頼に値する人でしょう。

「自分にはここまでしかわからないが、あの人ならわかるかもしれない」と誰かを紹介できる人であれば、超一流です。

そういう僧侶は、話がとても具体的です。聞いても意味がわからないような抽象的な言葉は使いません。

自分の経験という裏付けがあるから、相手に届く言葉を使えるのです。

具体的な問題を解決していくときには、結局は、自分の体験に落として、そこから具体的な言葉を発することができる人と話さないと意味がありません。

ただし、たとえば自分の問題を話したときに、老僧から「仏様におまかせすればいいんだよ」と言われたとします。

そういった言葉は、実際には、なんら具体的な解決につながりません。

しかしそう言われて、もし心がホッとするのであれば、それはそれでいいのです。そういうお坊さんと触れ合って、心が落ち着く場合もあるでしょう。

それも大事な触れ合いであり、やるせなさやせつなさを抱えて生きていくためのひとつの方法です。

前に述べた4つのうち、2つを満たす僧侶なら、一度話をしてみる価値はあるでしょう。


最初は、「この人」と思った相手に失望することもあるでしょう。

しかし人生の一大事なのですから、手間を惜しまず探し続けることです。

頭の中でシミュレーションしているだけでは、その方向が間違っていたとしても気づくことはできません。実際に嫌な思いや失敗をしてみて初めて、自分が間違えたのか、相手に問題があったのかが見えてきます。すると次からは、嫌な目に会う前にサッと引くことができます。


ただし、現実問題として日本の伝統教団の僧侶は、いきなり相談を持ちかけられることに慣れているわけではありません。また、檀家以外の人間に対してオープンな体制が整っていない寺もあります。

しかし、僧侶が変わらなければいけないという問題意識は、若い世代であればあるほど持っています。そういった僧侶にアプローチしてみると、親身になってくれるはずです。

たとえ、自分自身で対応できなくても、他に相談に乗ってくれる受け皿を紹介してくれる可能性もあります。気負わず、まずは「お坊さん」に慣れるつもりで話してみることを、おすすめします。


僧侶は世俗的な価値観からいったん離れる訓練を終え、仏教というものと日々交通しながら生きている人間（のはず）です。

その生き方や言葉に触れることは、今の自分の視点を変える足がかりとして、これから先の時代を生きていくうえで、とても重要になるはずです。

四章

死に向かって今日を生きる

こぼれてしまった悲しみを癒やしてくれる場所がある

大切な人を弔うためにかかる時間や作法は、人によって違います。

一般の儀礼ではすくい取れない死者への思いを、恐山のような霊場が受け止め、包み込んでくれるのです。

私が院代を努める恐山は、青森県北部の下北半島にある日本屈指の霊場です。イタコと死者供養で有名なこの山に、おどろおどろしいイメージを抱く方も多いかもしれません。

実際私も、1200年続くこの霊場を訪れるまでは、世間一般の知識しか持ち合わせていませんでした。


永平寺時代、初めて恐山を訪れたときは、その遠さと地形の特異さに驚きました。遠くを見れば、大小の隆起を見せる岩場のあちこちから硫黄が噴き出し、ふと足元に目をやると、供養のための風車やお菓子が供えてある。

「この世の果て」という言葉は、確かに当たっていると感じたものです。

しかし、恐山を訪れた人から、「なんとなく、懐かしい感じがします」「想像と違って、なんだかとても落ち着きます」と言われることは少なくありません。

あるとき、境内を歩いていたら、お婆さんに声をかけられました。

「お寺にちゃんとお墓があるのに、なぜこんな遠くまで来たくなるのでしょうね」


私が思うに、それは、恐山という霊場が大きな〝器〟のようなものだからです。

恐山には、決まった死者供養の儀礼や作法はありません。

そこにあるのは、広々とした空と、圧倒的な自然だけです。

訪れた方はそれぞれに死者を悼《いた》み、悲しみを置いていきます。自分より先に旅立ってしまった人に、「会いたい」という気持ちを伝えに来ます。

いつの頃からか、境内にある宇曽利湖《うそりこ》という湖の前で、参拝者が死者に呼びかける風習が生まれました。60代の男性が湖に向かって、大きな声で「お母さーん」と叫んでいる。そんな姿もめずらしくありません。

「大切な人を弔う」行為がいつ終わるのかは、人それぞれです。

葬儀を出して死者を見送った後、仏壇に手を合わせ、墓参りをする。折に触れ、供養していく。

弔いの儀礼は各宗派で決まっていて、遺された者はその様式の中で死者への気持ちを収めていきます。

しかし、その中に収まらない気持ちがあるのです。

死者への思慕、後悔、やるせなさ……。

儀礼からこぼれてしまった気持ちの受け皿となるのが、恐山のような霊場です。

あるとき、宿坊に泊まっていた50代の夫婦が話しかけてこられました。

3年前にひとり息子を交通事故で亡くして以来、ふたりとも重度のうつ病をわずらい、ほとんど外出しなかったとのこと。奥さんのほうが早く回復し、元気のない夫に「恐山でイタコさんに息子をおろしてもらおう」と声をかけたところ、夫も「それなら」とここまで来たとのことでした。

息子さんの事故は、婚約祝いの当日だったそうです。御祝いの席に家族で出かけようと玄関を出たところ、暴走してきたトラックに目の前ではねられたと言います。

「なぜ死んでしまったのか……。イタコをとおして息子に聞きたいと夫は重い腰をあげたのです」

そう話す奥さんの横で、ご主人はただ黙って座っていました。

正直なところ、私は若干心配しました。

しかし翌日、下山前に立ち寄ってくれた夫婦に聞いてみると、イタコさんから「ありがたい言葉」を聞けたとのこと。内容は一切話さなかったものの、ご主人の顔はあきらかに昨日と変わり、少しだけ明るさが戻ったようでホッとしました。

息子さんの「死の理由」を、イタコさんの口から聞いたとは思えません。その死を受け入れることも、まだとうていできないでしょう。しかしここを訪れ、納得するためのきっかけくらいはできたのかもしれないと私は思いました。

恐山が、こぼれ落ちてしまった死者への思いをすくい取る場所だと思うのは、このような方々と会ったときです。

後悔は、抱えたまま生きればいい

亡くなった人への後悔が残るのは、当たり前のこと。
無理に打ち消そうとせず、
その後悔を抱いて生きると腹をくくれば、
いつか、そこに「意味」を発見するときが来ます。

大切な人を亡くした後、「ああすればよかった」「これもしてあげたかった」という後悔は必ず残ります。

「年老いた親に、なぜもっと優しく接しなかったのだろう」

「あの病院に入院させたのは、間違いだったのではないだろうか」

そんな後悔や迷いを抱えた人が私のところにも、時折いらっしゃいます。

あるとき、知人から、ガンでご主人を亡くした女性に会って欲しいと頼まれました。彼女は、ご主人に最期までガンを告知することができなかったことを、今でも悔やみ、うつ状態に陥っていました。

「もし夫が自分の病気を知っていたら、残された時間でやりたいことができたのかもしれません。でも、どうしても言えなかった。知らせることができないまま、逝かせてしまったんです」

女性は、そう言って自分を責め続けていました。

私から言わせれば、ご主人はもうこの世にいないわけですから、今さらどうしようもないことです。しかし目の前の女性は、未だそのことで自分を強く責めている。今できることは、彼女の〝せつなさ〟をどうにかするしかありません。

私はイチかバチかで、こう聞きました。

「ご主人は、頭のいい人ではありませんでしたか？」

彼女は「はい」と答えました。

「たぶんご主人は、病名を知っていたに違いありません。だって、聡明なご主人だったのでしょう？　手術しても治らず、日に日に具合が悪くなっているのだから、ただ事ではないと思うのが普通です。あなたが何も言わなくても、自分の病気については気づいていたはずですよ」

さらに、「ご主人は、病名を教えろとあなたに詰め寄りましたか？」と尋ねると、女性は「いいえ」と答えました。

「全部、わかっていたんですよ。ご主人は、あなたが病名を伝えられない気持ちもすべてわかって、亡くなったに違いないと思います」

私がそう言うと、女性は堰《せき》を切ったように泣き始めました。

面会していて、相手が突然泣き出すことは時々あります。しかし、場所は喫茶店です。目の前の女性を泣かせ、私は大いにバツの悪い思いをしたものです。

女性はきっと、誰かから「ご主人は知っていたんですよ」と言って欲しかったのでしょう。このような場合、第三者から「あなたは間違っていなかった」と言ってもらうだけで救われることもあるのです。

亡くなった人に対して後悔が残るのは、当たり前のことです。

もしそれが、突然の別れだったとしたらなおさらです。

また、「後悔しないように」と懸命に介護や看病をしたとしても、必ずなんらかの悔いは残ります。

それを打ち消そうとする必要はありません。

その後悔を抱えたまま生きればいいと私は思うのです。

するとそのうち、その後悔の中に、意味を発見するときが来ます。

たとえば、身近な人が家族の看取りを迎えたときに、自分の体験をアドバイスして役に立てれば、それもひとつの「意味」です。そのとき、「ありがとう」と感謝されれば、「よかった」と素直に思えるでしょう。

近親者を亡くして後悔している人に、「私も同じだったよ」と声をかけて慰めることができれば、それもまた同じです。


ただし、「そんな日が来るかもしれない」程度の話です。

後悔は必ず残る。

それを否定しようと思っても無理である。

そう腹を据える。
そして、その後悔をどう取り扱っていくかを考える。
この世にいない人に対する後悔やせつなさを抱いたまま生きる。
私は、これがもっとも妥当な後悔の「取り扱い方」だと思っています。

悲しみたいだけ悲しめば、ふと笑える瞬間が来る

誰がなんと言おうと、
別れの悲しみを我慢する必要はありません。
死者を思う気持ちとともに生きると決め、
「悲しむ作法」を見つけることが大切なのです。

あるとき、若い娘さんを亡くした母親が訪ねてきました。

「ひんぱんにお墓参りし過ぎるので、まわりから止められたがどうすればいいか」という相談でした。

一日に何度行くのか尋ねると、多いときで4、5回とのこと。専業主婦の彼女は、それで生活に支障を来《きた》しているわけでもなさそうです。私はこう言いました。

「それなら、好きなだけお墓参りすればいいじゃないですか。だって、昼間にあなたが何度お参りしたとしても、誰も困らないでしょう？　娘さんのことを簡単に忘れてしまったほうがかわいそうじゃないですか」

「でも、それじゃ成仏できないと言われて……」

誰が言ったのか聞くと、「親戚です」と言うので、「その親戚は、一度死んだことがあるの？」と聞いてみました。

「いえ、生きています」

「それなら、なぜその人は、墓参りし過ぎると成仏できないとわかったの？」

私がそう言うと、母親は少し考えて言いました。

「……今までどおりに、お墓参りしてもいいいんでしょうか？」

「それで、誰か困る人でもいますか？」

母親はホッとしたような顔で、首を横に振りました。


突然の事故で娘さんを亡くした後、数年経った今も遺骨を枕元に置いて寝ていると話す母親もいました。

やはり、「それでは成仏できないから、早く墓に遺骨を納めろ」と周囲に言われて悩む母親に、私はこんな言葉をかけました。

「墓に納めた程度で成仏するんだったら、いつだって成仏できるから大丈夫。母親があっさり自分のことを忘れるほうが、娘さんは寂しいですよ。好きなだけ遺骨を抱いて寝ればいいいんです」

どんなに悲しみを抑えようとしても、死者を思う痛切な気持ちは、疑いようもなくそこにあるのです。見て見ぬふりをしろと諭すのは酷な話です。悲しみから立ち直れないのであれば、無理して立ち直ることなどありません。誰がなんと言おうと、悲しみたいだけ悲しめばいいのです。

不思議なもので、どんなに悲しくてもお腹は空きます。別れの悲しみから立ち上がれない人に「食事はとれていますか？」と尋ねて、「はい」と答えが返ってきたら、私は安心します。心は深い悲嘆の淵《ふち》にあったとしても、生身の体には生きる意欲があるわけですから。

そうであれば、泣きたいだけ泣けば、必ずふと笑える瞬間がやってきます。その瞬間が、いつになるかはわかりません。でも、そのときは必ず来ます。ただし、悲しみが完全に消え去ることはないと思っておいたほうがいいでしょう。だから、悲しみとともに生きると決め、「悲しむ作法」を見つけることなのです。

「どうして私ばっかり！」という思いから解き放たれる

相手を本当に許してしまえば、
どんなにつらい経験も笑い話にできます。
たとえ、先に旅立った人であっても、
それは同じです。

私は、亡霊のたぐいは一切興味がありませんし、もちろん信じてもいません。恐山にいると、「幽霊は出ないのですか？」と、ワクワクした目で尋ねられることがありますが、残念ながら、ただの一度も遭遇したことがありません。

しかし、前述のご夫婦のような方々と会うなかで、「死者」はリアルな存在だと考えるようになりました。

それも強烈な存在感を持って、人の考えや生き方を変える力がある。それが死者というものだと。

死者は、生きている者の思いどおりにはなりません。

どんなに考えまいと思っても心から去ってくれず、亡くなってから何十年経ってなお、生きている者の中に存在して影響を与え続けることがあります。

それが、懐かしさや郷愁のような思いであれば、いつか折り合いがつけられるでしょう。

しかし時折、望むと望まないとにかかわらず、死者がその人の人生を大きく動かすことがあるのです。これが問題なのです。

あるとき、初老の上品な女性が「話をしたい」と訪ねて来られました。私の著書についてあれこれ質問されるのですが、どうも話の核心が見えてきません。

問題は、仏教うんぬん以外のところにあるようです。聞いていくうちに、女性は亡くなった父親の話を始めました。

話は、彼女の子ども時代に遡ります。

女性は名家の生まれでしたが、幼い頃、母親を亡くしました。母親を深く愛していた父親は、誰がすすめても再婚しませんでした。そのかわり、長女だった彼女に洗濯や掃除、炊事、裁縫まで自ら教え、弟や妹の面倒を見られるように仕込んだそうです。

おそらく、「妻」と「母親」の身代わりをつくろうとしたのです。その父親を彼女は「非の打ちどころのない、最高の父親」だったと言いました。

幼い彼女は、大好きな父の希望どおりに家事を覚えました。小学校高学年の頃には、お手伝いさんに指示を出すまでになったそうです。

その後、一家の主婦をこなしながら、父親のすすめた高校、短大へと進み、父親の決めた相手と見合い結婚をします。

妻となり母となって彼女は自分の家庭を完璧に切り盛りしながら、さらにこれまでどおり父親の面倒も見続けました。

ところが、その「最高の父親」が突然、認知症になってしまったのです。

人格が急激に変わっていく父親を必死に支え続けて数年の後、ついに彼は亡くなります。するとその直後、彼女はストレスから突発性難聴になり、片方の聴力を失ったそうです。

どう見ても、問題は父親にあります。

試しに「今日は何を聞きにいらしたんですか?」と聞くと、女性は黙ってうつむきました。

重ねて「お父さんを捜しにいらしたのですか?」と問うと、突然ワッと泣き始めました。

60代の女性が、目の前で子どものように号泣しています。

20分ほど続いたでしょうか。どうすることもできず、私はただ女性が落ち着くのを待っていました。

泣きながら彼女は、「どうして私ばっかり! どうして私ばっかり!」と繰り返しました。

どうして、私ばかり子どもでいられなかったのか。

彼女はそう言いたかったのでしょう。幼い頃から彼女は、父親に認めてもらうことでしか自分の居場所はないと無意識に思ってきたはずです。

〝最高の〟父との関係の中で自分を肯定してきたのに、その父が崩れていき、ついに亡くなった後、もはや自分を肯定するものはない。その強烈なストレスが突発性難聴の引き金になったのだと思います。

子ども時代に親子関係で受けたダメージは、何歳になってもその人が人間関係を築くうえで、大きな影響を与え続けます。

性別も暮らしぶりも関係ありません。

80歳を超えた裕福な男性の相談を聞いてみると、幼い頃の家庭環境が原因だったこともありました。

死者との間でこじれた関係の修復方法は、ひとつだけ。

生きているほうが死者を許せるかどうかにかかっています。
相手はこの世にいないのですから、一方的に許すしかありません。
ただし、「許す」という行為には、非常にむずかしいものがあります。
一見許しているようで、じつは許していない。
こういうことがよく起こるのです。

「自分が相手を許す」ことを許せないと、それはできません。
「許すことを許す」のです。
ではどうすれば、本当に自分が死者を許したとわかるのか。
それができた人は、自分の過去を笑って人に話せるようになります。
「許したつもり」の人は、まだ痛くて自分の経験を人に話せません。
でも、本当に許してしまえば、どんなにつらい経験も笑い話にできます。

いなくなって欲しいのに、死者はそこにいる。
これほどリアルな存在はありません。
しかし、そのリアルな存在から、一歩離れることができます。
許すとはそのことです。それが必要なのです。

閉じ込めた悲しみを認めると、大切な人の死を受け入れられる

悲しい気持ちを吐き出し、
会いたい思いを語ってみる。
そうすれば、悲しみから立ち上がれる日がきます。
どんなに時間がかかっても、必ずそのときは訪れます。

弔うとは、ただ死者を悼み、見送るだけの行為ではありません。死者と新たな関係を結び直すことを指します。そして、僧侶の弔いには、「遺体」を「死者」にする役割があるのです。

どういうことか。「死体」と「遺体」の違いから話していきましょう。

たとえば、航空機事故があると、ニュースで「死者123名」などと報道されます。この123名は、正確には「死者」ではありません。

123体の「死体」があったのです。このとき、「123」という数にしか意味がありません。

では、「死体」がいつ「遺体」になるかと言えば、「○○さんの死体」と判明したとき。つまり、死体に人格が与えられたときです。

「死者123名」と聞けば、「悲惨な事故だ」と誰もが思いますが、3日もすれば忘れます。しかし、その1人が自分の母親だったとしたら、話はまったく別です。

母親の遺体と、１２２の死体がそこにあります。

遺体と死体は、まるで違うのです。

遺体を前にして、人は嘆き悲しみます。

では火葬して墓に納め、遺体が目の前から消えてなくなれば、感情も一緒にけりがつくでしょうか。そうではありません。

遺体が消えた瞬間、立ち上がってくるのが「死者」です。

生者とは違って、見えもせず、触れられもせず、話したくても話せないけれど、生者とは別の形で、死者は厳然と存在し始めるのです。


ここで大切なのは、誰もが死者になるわけではないということです。

その人間にとって大切な人以外は、死者になり得ません。

たとえば、親でも子どもでも、友人でも職場の同僚でもいい。

生きている間に、自分が何者であるかを教えてくれた人。つまり、自分が誰であるかを意味づけた人だけが「死者」になります。

もっと言えば、自分に生きる意味を与えた人だけが、死者になるのです。

この死者と、どんなふうに関係を結び直すか。それは、その後の人生にかかわる大きな問題です。

ここに、「弔う」行為の意味があります。先ほど言ったように、この行為がいつ終わるのかは、その人と死者との関係によって決まります。

しかしまわりは、葬儀が終わり遺体がなくなると、「いつまでも悲しんでいてはいけない。早く立ち直れ」と言い始める。それは周囲の人間にとって、「死者」が立ち上がっていないからです。

死者との関係を結び直すことができていないと、悲しみを抑圧して、自分に負荷をかけ続けることになります。ある父と幼い娘の話です。

以前から知り合いだったその一家は、非常に仲のいい家族でした。

しかし、母親が突然の病気で亡くなった後、父親と6歳の娘が残されました。その2人は、亡くなった母親のことを互いにひと言も話さずにいるのです。父は娘がかわいそうだからと思い、娘は自分が泣けば父が悲しむからと耐えている。ずっとそんな状態だと父親から聞いて、私は言いました。

「そんな我慢はダメだ」

2人にとっては、理不尽な死だったかもしれません。

しかし、母親の死は悲しく、とてもせつないことだとはっきり認めない限りは、妻や母を死者として受け入れることはできません。また、死者との関係を結び直すこともできないのです。

これから先ずっと、母親の話をしないで済ますことなど無理です。なぜなら、妻との関係、母との関係は、相手の生死にかかわらず残っているからです。

そうであれば、黙って耐えていないで、悲しい気持ちを吐き出してみる。会いたい思いを語ってみる。そこから、死者との関係が結び直されていきます。

そうすれば、いつかフッと笑える瞬間も来る。その日を迎えるためには、死別の悲しみから逃げてはいけないのです。安易な言葉で自分を納得させてはいけないのです。閉じ込めている感情を真正面から見つめ、封印を解いて、吐き出さないといけないのです。

どんなに必死にこらえて考えないようにしても、母親はいる。会えなくても見えなくても、いつづけるから、考えないようにすればするほど、よけいに苦しくなるのです。

いつまでも立ち直れなかったとしても、まったく構いません。

悲しみを認め、死を受け入れ、死者との関係を結び直せば、時間がかかってもいずれ立ち直ります。死者とともに、立ち直るのです。

「自分が、自分が」と考えない

「やりたいこと」に執着せず、
誰かに喜んでもらえるかもしれないと思うことを
やっていくと、「やるべきことはやり終えた」と
納得して、人生の最期を迎えることができます。

以前、ある老僧がこのような話をしてくれました。

彼が大病を患って入院し、病室で寝ていたときのこと、「自分はこの部屋で死ぬのか」と思うと強烈な虚しさが襲ってきて、すぐにでも死にたくなったと言うのです。

「俺がこれまでやってきた説教は、なんだったのかと思った」と語るのを、「正直な人」だと思いながら私は聞いていました。

老僧は、そのとき「ふと思いついて」坐禅をしたのだそうです。

言う間でもなく、禅僧にとって坐禅は修行の根幹です。しかし手術後、療養していた老僧は、坐禅ができる状態ではありませんでした。

体も快復し、「今ならできるかもしれない」と思い立ち、坐《すわ》ってみた。すると、それまで心を支配していた空しさが「雪解けのように」消えていったと言います。

老僧は感慨深げに語りましたが、考えてみれば、それは当たり前のことです。

坐禅で思考をいったん止め、自意識を解体していくのですから。そうすれば、「死ぬのが虚しい」という思いも自然に消えるはずです。

老僧の体験を聞いて、「やっぱり、坐禅は死を前にしても使えるのか」と、私は思いました。

人はいつか死ぬと、もちろん誰もが知っています。

しかし、切実にその事実が迫って来るのは、主語が「自分」になったときだけです。

自分が死ぬ。そう実感したときに、人は初めて死への恐怖と直面します。

このとき考えるべきことは、「死」そのものではありません。死はいくら考えても、わからないのですから。

考えるべきは「自分」のほうです。

死への恐怖を乗り越えようとするのではなく、「怖がっている自分自身」を消す。

もし、死に対する恐怖があるのであれば、「死」そのものではなく、「死への恐怖を持つ自分」をなくしていくほうがいい。それが、仏教の発想です。

「禅僧なら坐禅ができるかもしれない。でも、普通の人間には『自分を消す』なんて無理だ」という意見もあるでしょう。

禅僧でなくても坐禅はできます。ただし前述のとおり、一定の修練が必要ですし、専門家の指導なしではできません。

しかし、「死を受容する」ことはできます。問題は死を乗り越えようとするのではなく、受け入れられるかどうかだと考えるのです。

死を受容するためには、自分を開いておかなければなりません。

「自分を開く」とは、どういうことか。

要は、「もう自分を大切にしない」ことです。そして、損得勘定抜きで、「自分のため」ではなく「人のため」に動いていくことです。

そもそも、60歳を過ぎたら基本的には「もういなくてもいい人」です。冷たい言い方のようですが、普通に考えれば、60歳を過ぎれば子どもはとっくに成人しています。親の手など要りません。また、定年で現役を引退すれば、仕事でも期待されません。そう覚悟したほうが賢明なのです。

そうなると、ますます自分や「自分の人生」を大切にする必要はなくなります。自分がいなくても誰も困らないのですから。

ならば、自分を勘定から外して、まずは他人を立てていけばよいのです。

世間で「年をとる」ということは、つまりは「いなくても構わない人になっていく」ことです。冷たく言えば、子どもも成人し、仕事もリタイアした後、自分の存在を損得抜きで、誰が本当に必要とするのでしょうか（多くの場合、配偶者の腹の底はわかりません）。

自分のやりたいことがたくさんある人でも、そのやりたいことが他人にどんな影響を与えるのか、どんな価値があるのかを考えないと、はた迷惑な存在になりかねません。自分のやろうとしていることが、他者の支持を得られるのか。そう思うべきです。

ただし社会事業を立ち上げたり、ボランティアをしたりすることをすすめているのではありません。結果的にそうなることはあるかも知れませんが、身の丈に合ったことを、できる範囲でやればいいのです。

ふと目についたゴミを拾って歩く。

ちょっと人助けする。

こうすれば人が喜ぶかもしれないと思うこと、すぐできることをする。「少しは役に立っているのかな」と感じる程度でよいのです。

モデルになりそうな男性がいます。私は恐山院代と兼務で福井県にある寺の住職を務めていますが、その檀家のAさんです。

隠居暮らしのAさんはとても器用な人です。数珠づくりや華道はプロの腕前で、生け花は指導もできるので、近所の人に頼まれて公民館で無償の華道教室を開いています。

ある日、なぜ自宅で教えて月謝を取らないのか聞いてみました。すると「好きでやっていることだから、お金なんて要らないのです」と言って笑っていました。

大工仕事も得意なAさんは、寺で使う椅子をつくってくれたこともあります。「寺で集まりがあるときに使える椅子があると便利だろうな」と思ったのだそうです。この椅子は、皆に「Aさんの椅子」と呼ばれ、大変重宝されています。

感謝されれば、Aさんも悪い気はしないでしょう。でも、そこに、「ほめられたい、認められたい」という気持ちはありません。

華道教室や椅子づくりに、「生きがい」を感じているというほど大げさなことでもなさそうで、気楽にやっているようです。

しかし、日々の気持ちのハリにはなっているかもしれない。「少しは役に立っているかな」と感じる程度でよいのです。

「ひょっとしたら、ちょっと人の役に立てるかもしれないな」と思うことを、気負わず淡々とやっていく。そこには、損得とは別の、やわらかくあたたかい人間関係が生まれるに決まっています。

それで、歳を重ねて体力も衰えてきたとき、「そろそろ、自分の人生も店じまいだな」と身を引いていく。

そこには、「やるべきことはやり終えた」「まあ、自分の人生はこんなものだったかな」と納得できる感覚があるはずです。

いい縁を持った人が、見事に逝ける

人との「いい縁」を持っていれば、
90歳を超えて生きて、穏やかな死を迎えられます。
そのために、周囲との縁を厚くしていくことは、
誰でもいつからでも始められます。

ラクに死にたいのなら、まずは90歳を目指すことです。

今まで90歳以上の方を何人も弔ってきましたが、苦しんで亡くなった方はひとりもいません。長く患うこともなく、あたたかい看取りのなかで、ふっと消えていくように亡くなります。


あるおばあちゃんは、三世代同居の家族といつものように夕食をとっているときに、そのまま亡くなりました。

おばあちゃんの持った茶碗が空になっていたので、「おばあちゃん、おかわりは?」と家族が聞いたところ、ジッとして動かない。それでもう一度聞いてみたら、茶碗が手から落ちて、亡くなっているとわかったと言います。

別のおばあちゃんは、いつもどおり早く寝たのに、夜11時頃に起き出して「今日死ぬと思うから下着を替える」と言って着替え、また寝たのだそうです。家族は「何を言ってるんだろう」と気にもしませんでしたが、翌朝起きてこないので行ってみると、布団の中で息を引き取っていたそうです。

あるおじいちゃんは、近くに住む息子が夕方様子を見に来たときに、「今から風呂に入るから背中を流せ」と言ったそうです。息子は「突然、変なことを言うな」と思いながらも、父の痩せた背中を流しました。流し終わって「父ちゃん」と声をかけても返事がありません。肩を揺すってみると、すでに亡くなっていました。


どの人も正直うらやましい逝き方です。

天命をまっとうしたとは、こういうことでしょう。


このような人たちの特徴は、基本的に体力も気力もあること。そしてもうひとつが、「人の縁」がいいことです。

私の知る限り、こういう逝き方ができる方たちは、周囲の人たちに支えられ、大切にされています。「いい縁」を持っています。

特に、配偶者や子どもなど、家族といい関係が結べています。

体力や気力については、努力だけではどうにもならないところがあります。

また、いくらサプリや病院通いで健康管理しても、孤独で長生きは辛いでしょう。ちなみに、ひとりでいることと孤独は違います。逆にたくさんの人の中にいても孤独な人は少なくありません。

大事なのは「人の縁」です。生きている限り、周囲との縁を厚くしていくことだけは、不可能ではありません。

ただし、いい縁をつくるのは、一朝一夕にできることではありません。手間と時間をかけて、育んでいかなければならないのです。

結局は自分を開いて、他者を受け入れる努力をしていくことでしょう。

余計な自意識が低くなればなるほど、他者との縁は結びやすくなります。

「ほめられたい」「得をしたい」「友達をつくりたい」、これらを一切思わないというのは、そこなのです。

死を乗り越えようとしなくていい

ふと生まれてきただけの人生に、
「意味」や「価値」を求める必要はありません。
人生とは、「自分」という舟で川を渡るようなもの。
渡る間だけの道具です。

「自分」とは、人間がこの世に存在するために、仮に使わなければいけない舟のようなものだと私は考えます。

人がこの世にある限りは、どうしても乗らなければ生きられない乗り物。

それが、「自分」という舟です。たとえ嫌でも、その舟に乗らなければ、人は生きていくことはできません。

舟そのものにも価値があると、思っている人は多いでしょう。

しかし、川を渡れるから舟には価値があるのであって、「舟そのもの」に価値があるわけではありません。

道具がお役御免になれば、捨ててもかまいません。舟も乗り捨てです。

価値がないのであれば、舟を乗り捨てても、まったく惜しくはないはずです。

だから、川を渡りきって人生が終わるときも、怖れたり、悲しんだりすることはありません。

未練を持つことなく、スッと向こう岸に降りることができます。

「かけがえのない人生」と言いますが、しょせん自分の思い込みです。


人生で最大の仕事は何かと言えば、死ぬことです。

なぜそれが大仕事かといえば、「死」の正体が誰ひとりわかっていないからです。

死の正体がわかれば、手の打ちようはあります。でも、その大仕事の正体は一切わからないし、生きている限り、わかりようもありません。


ぜんそくで苦しんでいた子どもの頃、死の正体がどうしても知りたかった私は、周囲の大人に手当たり次第「死ぬって、どういうこと?」と聞いてみました。

すると決まって、「お星様になるんだよ」「天国のお花畑に行くんだよ」などと答えが返ってきました。子ども心に、「何を言っているんだ? コイツはバカなのか!?」と不信感を抱いたことを覚えています。

私が知りたかったのは死んだ後の話ではありません。

しかし、誰も私の疑問に答えてくれる大人はいませんでした。私は、「そうか、死とは、誰にもわからないものなんだな」と理解しました。


もっともポピュラーな死のイメージは「この世でないどこかに行く」というものです。

たいがいは、この世とあの世に境目があり、関所のようなところに裁判官的「カミサマ」がいて、よいことをした人はよいところへ（天国とか極楽）、悪いことをした人はひどいところ（地獄）へ送り込まれる、そんなストーリーになっています。

最近では、死んだら千の風になるという話も流行《はや》りました。風は、最初から最後までただ「風」です。「私」が、風になることはあり得ません。

どれもこれも、死ねば「ここ」から別の「どこか」へ行く、違う「何か」になる話です。

生まれたときから「自分」だから、肉体がなくなった後もここではないどこかで「自分」は続く、姿を変えた自分が残る。そういう錯覚をみんな持っているのです。

これは、死を解釈しているのではなく、自分たちが死なないようにしているだけです。


釈迦は、死後については「無記《むき》」の姿勢を貫いています。「死後の世界があるかどうかはわからない。どうなるかもわからない」としか言い残していません。

ただしこの時点で、ひとつだけわかることがあります。すべてが、そこでは無意味になることは間違いありません。

なぜなら、「意味」は生きている人間が生きている間に考えることだからです。

しかし、それでは普通の人間には耐えられない。それで人間は、星や風、あの世など「どこか」へ移動する話を持ち出しているのです。

心配は要りません。特別な何かをしなくても、全員死ぬことはできます。

だから、死を乗り越えようとしなくてもいいのです。

また、ふと生まれてきただけの人生の終わりに、ことさら「意味」や「価値」を求める必要もないのです。

「この世」より「あの世」を心配するのは筋違い

いくら死後を思いわずらっても
「死」については誰にもわかりません。
だから気楽に考えて、
あっさり消えていけばよいのです。

以前、「終活フェア」に誘われ、興味本位で会場に足を運んでみたときのことです。「墓地案内」から「遺言コーナー」まであり、会場はお祭りのように賑わっていました。

驚いたのは、「棺桶体験コーナー」です。

数万円から数十万円まで、ずらっと棺桶が並び、実際に「体験」できるようになっています。

ちょうど中年の女性が、棺桶の中に入っている夫をのぞき込んでいました。

「お父さん、どう？」

「うん、なかなかいい寝心地だ」

棺桶に入ったらそのまま焼かれてしまうのだから、寝心地がわかったら大変です。「なるほど、この人は死なないつもりなのか」と思いながら聞いていましたが、なかなかシュールな光景でした。

「主人と一緒のお墓に入りたくないんです！　あんなジメジメした暗いところ

で、死んでまで2人でいたくないですから」と真剣に訴える女性がたまにいますが、これも、死んだ後も「自分」は続いていくと思っているからです。

結局、終活とは、当節なかなかラクに死ねないから、我々業者が手伝ってあげましょうという、死ぬまでの面倒をタネにした商売です。商売はそもそも生きている間だけの話で、死とはまったく関係ありません。


みんな死んでも生きる気マンマンなので、「死後の世界」への関心は尽きません。

「あの世」がどんなところか。

死んだら自分がどこへ行くのか。

地獄か、極楽か、興味があるようです。

なかには、自分が死後どこへ行くのか本気で心配する人もいます。そういう人には、いつもこう話します。

「不安になることはありませんよ。あなたが行けるところなら、天国も地獄も似たようなものです。きっと言葉が通じるし、誰かがいますから。この世とあまり変わりません。それにあなたは、人生で飛び抜けていいことも悪いこともしてないでしょう？　だったら、大丈夫。『その他大勢』のところに行きます。先に亡くなった身内もいるはずですよ」

私が思うに、今の自分が残るなら、極楽は平和すぎて、そのうち飽きてしまうはずです。

どこへ行っても蓮の花が咲いていて、天女が舞っているだけですから。

地獄もすぐに慣れます。針山に寝かされようが、熱湯に沈められようが、もう二度と死なないとわかれば、そんなものの痛さは、たちまち神経痛と変わらなくなるでしょう。

永平寺時代、厳しい修行で半身不随になりかかった私が言うのですから、間違いありません。

あの世の心配など、暇つぶしにすればよいだけです。死はどうせわからないのですから、それくらい気楽に考えていい話なのです。

結局、私たちがこの世でできるのは、決してわからない死を、なんとか受け容れる生き方を学ぶことだけなのです。

あるいは、それが生きるということの、すべてです。

禅僧が教える
心がラクになる生き方

発行日　2017年 7 月28日　第 1 刷
発行日　2020年 9 月28日　第21刷

著者　南直哉

本書プロジェクトチーム
編集統括　柿内尚文
編集担当　小林英史、村上芳子
編集協力　江藤ちふみ
デザイン　原田恵都子（Harada＋Harada）
撮影　渋谷敦志（プロフィール）、金澤智康（動画）
特典動画モデル　益子友香理（スプラッシュ）
特典動画ヘアメイク　望月光
撮影協力　豊川稲荷　東京別院
営業統括　丸山敏生
営業推進　増尾友裕、藤野茉友、綱脇愛、大原桂子、桐山敦子、矢部愛、寺内未来子
販売促進　池田孝一郎、石井耕平、熊切絵理、菊山清佳、吉村寿美子、矢橋寛子、遠藤真知子、森田真紀、大村かおり、高垣真美、高垣知子
プロモーション　山田美恵、林屋成一郎

編集　舘瑞恵、栗田亘、大住兼正、菊地貴広
講演・マネジメント事業　斎藤和佳、志水公美
メディア開発　池田剛、中山景、中村悟志、長野太介、多湖元毅
総務　生越こずえ、名児耶美咲
管理部　八木宏之、早坂裕子、金井昭彦
マネジメント　坂下毅
発行人　高橋克佳

発行所　株式会社アスコム

〒105-0003
東京都港区西新橋2-23-1　3東洋海事ビル
編集部　TEL：03-5425-6627
営業部　TEL：03-5425-6626　FAX：03-5425-6770

印刷・製本　株式会社光邦

Printed in Japan ISBN 978-4-7762-0957-7

購入者だけにプレゼント！

スマートフォン、
パソコン、タブレットで
「南直哉
坐禅指導」の
動画を観ることができます。

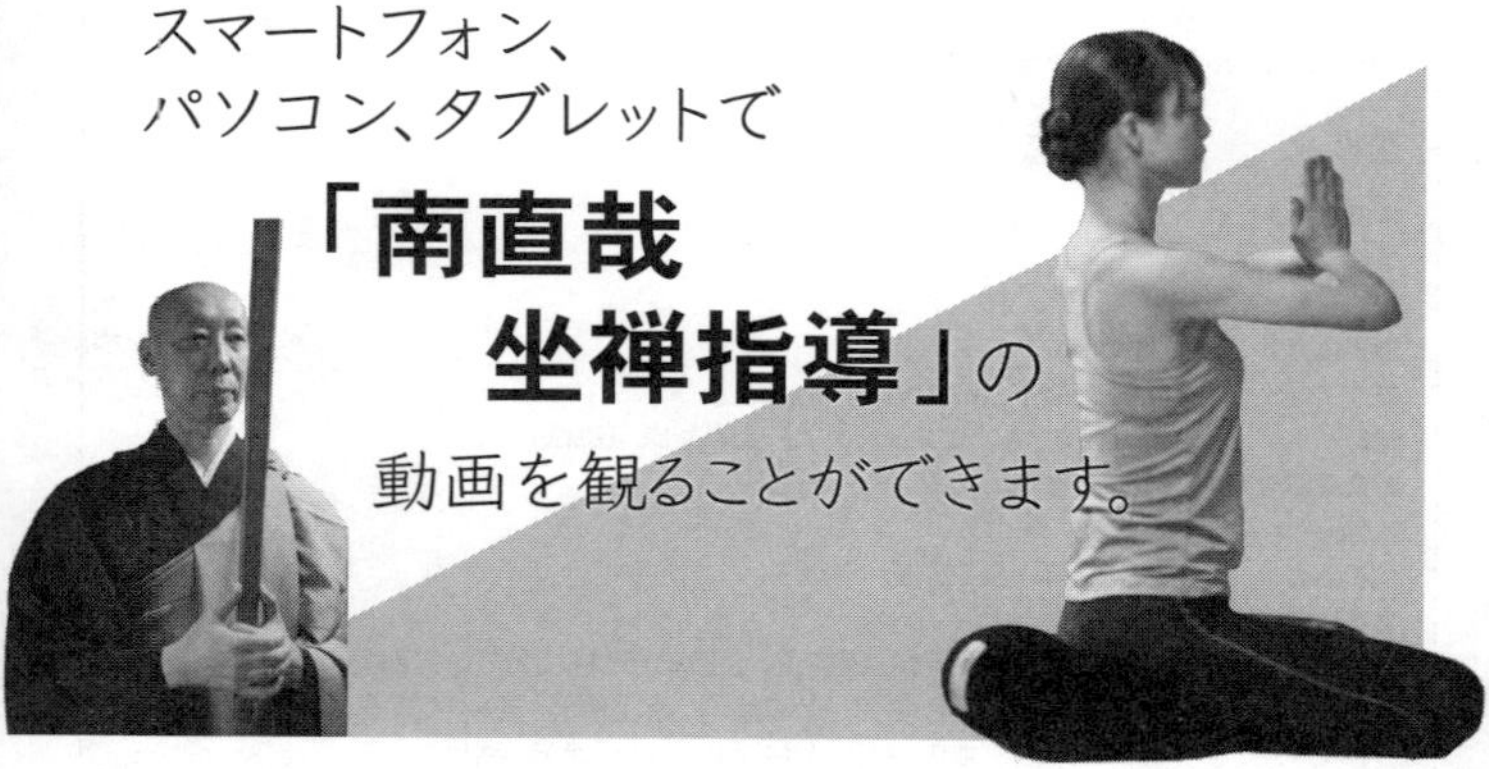

アクセス方法はこちら！

▼

下記のQRコード、もしくは下記のアドレスからアクセスし、会員登録の上、案内されたパスワードを所定の欄に入力してください。
アクセスしたサイトでパスワードが認証されますと、動画を観ることができます。

https://ascom-inc.com/b/09577

※通信環境や機種によってアクセスに時間がかかる、もしくはアクセスできない場合がございます。
※接続の際の通信費は、お客様のご負担となります。